稳固的幸福感

阿德勒谈自我超越与人生课题

胡慎之 著 / 心理学大师解读系列

北京联合出版公司

1932年，阿德勒乘坐Statendam号邮轮抵达美国纽约。因纳粹的威胁日益逼近，奥地利充满着动荡不安的气氛，阿德勒与妻子移民到美国，开启了为期五年的长岛医学院任教工作，出任医学心理学客座教授。

这张照片中的阿德勒，眼神给人一种深邃且坚定的感觉，当时也正好是他从个体走向社会的重要转折点，正是在这一年，阿德勒出版了经典之作《自卑与超越》。这个时期是阿德勒思想最为成熟的时期，他分析了自卑感产生的原因，追求优越的理由；对个体生活风格的形成提出了独到见解；同时围绕人类生活中的三大问题——职业、婚姻以及人际关系，探讨了生活的意义；还对如何处理各种人际关系进行了剖析。后人认为阿德勒的思想是一种哲学思想，一种能够使人奋进的积极人生哲学，它唤醒了人超越自卑的勇气，鼓励人充满信心地面对生活，去赢得自己卓越的人生。

Catalogue
目 录

导 言 世界没有那么糟糕，美好是一种选择 / 001

第一章 目的论 / 017

我们的行为和情绪，都隐含着目的 / 019

痛苦源于目的不明确 / 027

自主选择是一种能力 / 033

第二章 自卑与补偿 / 043

自卑感的产生 / 045

自卑情结的运作 / 053

解决自卑感的方式 / 062

第三章　追求优越 / 069

我们的一切行为都是为了追求优越 / 071

优越感的满足 / 077

需要被警惕的四种优越感 / 083

第四章　生活风格 / 095

生活风格是人格的核心 / 097

生活风格的形成与特性 / 110

影响生活风格发展的因素 / 117

如何看待你的生活风格 / 127

第五章　社会兴趣 / 133

社会兴趣是人类的本性 / 135

什么样的人会缺乏社会兴趣 / 139

人生三大问题 / 152

如何发展社会兴趣 / 157

第六章 创造性自我 / 165

"我命由我不由天" / 167

部分地决定自己的人格 / 173

创造性自我的表现 / 183

第七章 滋养型的人际关系 / 189

人的一切烦恼都来源于人际关系 / 191

只有课题分离,才能获得精神上的自由 / 197

人际关系的起点是"课题分离",终点是"共同体
　　感觉" / 206

导　言　世界没有那么糟糕，美好是一种选择
Introduction

今天，我想跟大家来聊聊阿尔弗雷德·阿德勒（Alfred Adler，1870—1937）。

人人都说，心理学界有三大巨头，分别是弗洛伊德、荣格、阿德勒。但在很长一段时间里，人们一提到心理学，往往只想到弗洛伊德或荣格的名字，似乎阿德勒并没有被很多人所熟悉。直到21世纪，阿德勒的个体心理学理论才逐渐受到推崇，特别是在日本、韩国等地方备受欢迎。

前几年，日本作家岸见一郎和古贺史健所著的《被讨厌的勇气》这本书在中国很流行，被称为"阿德勒的哲学课"，我有幸也在此书中写了一篇推荐序，正如我在推荐序中所说:"阿德勒的思想绝不是心灵鸡汤,而是稍带苦涩,但又可治百病的良药。"

其实很久之前,我就想做一本关于解读阿德勒的书,所以这次出版社的邀请让我很惊喜。这种不谋而合的感觉特别好。

为什么说做一本书,而不是写一本书呢?是因为这本书,更多的是以阿德勒生平所有的著作,他的心理学理论以及实践为基础,加入与我们息息相关的案例故事,再结合我二十多年来对关系心理学的研究进行解读。虽然我是一个客体关系心理理论方面的研究者,但我发现,阿德勒心理学对我的影响一直存在着,甚至贯穿了我自己的成长。这是我想要解读阿德勒的原因之一。

另一层原因在于,虽然近几年阿德勒在国内很流行,但我发现大家对他的观点还是存在一些误读。比如我们经常听到一句话:幸福的童年治愈一生,不幸的童年用一生治愈。很多人以为这句看似很共情的话是出自阿德勒，其实不然。如果我们真正去研究阿德勒的理论，你会发现，这句话是不存在的，甚至会有些牵强和偏颇。这句话之所以这么流行，原因在于很多人误解了阿德勒的理论，大家似乎更在意的是想找到一个原因来解释当下的痛苦。但阿德勒认为，每个人在幼儿时期就已形成一种"生活风格"，并会据此形成自己的人生目标，所以，相比是什么经历塑造了现在的自己，阿德勒认为一个人决心实现怎样的人生目标才是更为重要的。对于这句话的理解，不同生活风格的人也会有不同的解读方式。比如，有一些人会说，原来我的不幸都是童年所造成的；但也有一些人会认为，我的童年不需要去疗愈，我需要做的是努力去创造自己今后人生中的幸福。因此，更多的时候，我们需要去看看阿德勒真正想表达的是什么，而不是只知其一不知其二。这是我为什么想要解读阿德勒的原因之二。

那么，在带领大家深入了解阿德勒心理学理论之前，我们先来认识一下阿德勒本人。

阿尔弗雷德·阿德勒，奥地利精神病学家，个体心理学的创始人，人本主义心理学的先驱，现代自我心理学之父，同时也是精神分析学派内部反对弗洛伊德心理学体系的第一人。阿德勒于1870年出生在奥地利维也纳一个富裕的犹太商人家庭，在六个孩子中排行老二。因自幼身体羸弱，以及家里有一个比较优秀的哥哥，这让他从小感到自卑。可以说，这份儿时的经历，深刻影响了阿德勒理论的形成，因此，他的人格理论始终围绕着克服自卑而进行。

在1902年，已经通过自己的努力成为全科医生的阿德勒与西格蒙德·弗洛伊德（Sigmund Freud，1856—1939）结识，一度跟弗洛伊德有过很多的合作，并且担任过维也纳精神分析学会主席。阿德勒在早期以器官缺陷、自卑情结、补偿作用等概念出名，但后期因强调社会因素和意识在人格形成中的作用，公开反对弗洛伊德的泛性论，以至于跟弗洛伊德之间的观点分歧逐渐增大，甚至关系决裂。最终，阿德勒于1911年离开了弗洛伊德的心理圈，另起炉灶，同年成立了"个体心理学学会"，并开始专注行为目的论、生活风格及社会兴趣等理论架构。这对后来西方心理学的发展具有重要意义，影响流派包括存在主义流派、人本主义流派和认知学派等。

因此，在1937年阿德勒去世的时候，《纽约先驱论坛报》（*New York Herald Tribune*）为他发的一则讣告是这样说的："阿德勒，自卑情结之父，拒绝成为精神分析的某个零件。他既有点像科学家弗洛伊德，又和预言家荣格相似，他就是他自己，传播福音的人。"

虽然心理学有各式各样的流派，也有各式各样的理论基础，但我认为，阿德勒的心理学理论更适合我们现代人，最有力的证明就是《被讨厌的勇气》和《自卑与超越》（*What Life Could Mean to You*，1932）这两本书在当代的畅销。虽然阿德勒的大部分作品出版于20世纪上半叶，但阿德勒在书中的很多思想已经预知了我们现代人跟这个世界的关系会是什么样子，我们应该对自己持有什么样的人生态度,以及我们如何去发现自己人生的意义。

在这里,我想分享一个小故事。一位20多岁的年轻女孩,独自一人在国外读研究生,想要回国发展但又怕父母责怪自己一无所成,没有成为他们想要的完美小孩,特别是当听到父母跟她抱怨说留学花了家里很多钱的时候,她感到非常有压力,以至于整夜睡不着觉,经常性脱发,几乎不参与任何的人际交往。即使她内心非常渴望有一个人可以陪陪自己,但她能做到的也只是跟别人建立一些短暂的性关系而已。而当这种压力大到无法承受时,她就会伤害自己的身体,甚至有轻生的念头。而这些想法和行为,她都不能跟自己的父母说,只能一个人默默地走在黑暗里,最后找到了我做心理咨询。

当我在咨询中跟她讨论为什么会有某些行为的时候,她是非常茫然的,也不知道自己想成为一个什么样的人。似乎她所做的任何事情都是为了去完成一个任务，至于自己想要去向哪里，成为一个什么样的人，她从来没有思考过。后来在一次咨询结束的时候，我建议她去看看阿德勒的《自卑与超越》这本书，希望能够给到她更多的帮助。过了一段时间，我们又见面了，她跟我说："看了书之后有很大的启发，就像是黑暗中的一道闪电，狠狠地击中了我，我终于明白了自己是怎么一步步变成现在的样子了。"这是一个很好的觉察，也是一件令人开心的事情。

所以，我觉得很有必要解读阿德勒的思想，我也认为每一个人都应该真正地了解阿德勒思想中的"目的论"：你要走向哪里，你要实现什么样的人生目标，你所有的行为都会随着这个人生目标而改变。举个例子，很多人说运动是非常痛苦的一件事情，但坚持健身运动的人又好像很享受这个过程。如果按照阿德勒的"目的论"来解释，每一个能够自律去健身运动的人，他内心一定有一个自己的目标，而且这个目标对他的生活是有极大帮助的。所以在这个过程中，他所有的行为都会指向这个目标,甚至在努力实现目标的过程中克服先天劣势或环境的局限。这跟弗洛伊德所坚持的"原因论"大有不同,"原因论"强调你现在的行为是由过去所决定的,这也让很多人一边倒地把现在的不幸都归罪给过去,比如有的人认为,就是因为我的原生家庭有种种问题,所以我才有这么多痛苦。当然,阿德勒也承认过去的经验(特别是原始的经验)对人的行为有影响,但他认为过去的经验不是决定性的,因为人是有意识的,人能够以目标指导自己的行为。

阿德勒的理论思想更像哲学,能够解答我们的很多困惑。所以,我认为这是一本人生哲学问题的解惑百科全书,我试图用它来解答几个人生中非常重要的终极问题。

第一个问题是,我是谁。

结合我自己多年来的个案研究,如果要用一句话来表达阿德勒的理论,那就是"做个普通人",也就是成为一个独特的存在。关于这一点,我们可以从阿德勒的核心理论"自卑与超越"中去看看我是谁。

在生活中，其实很多人不是想做一个普通人，更多地想做神或者说一直在努力迎合他人。为什么这么说？举个例子，当一个人特别自卑的时候，他就想去做神或者扮演上帝的角色，有些人把这称为追求优越。比如电影《芳华》里的男主角刘峰，个子不高，出身贫苦，从小感到自卑的他为了维持"活雷锋"的形象，事无巨细地为身边人做贡献，帮战友们捎东西，修地板，猪跑了也喊他去找，最后连自己手里的机会都主动让给了别人，这其实就是在做神而不是在做人，忽略了自己去迎合他人。

第二个问题是，我从哪里来。

虽然阿德勒跟弗洛伊德在观点上有本质的区别，但是阿德勒也承认过往经验对我们是有影响的，只是不是决定性的。阿德勒在提出"生活风格"这个重要观点时提到，我们可以从一个人在家庭中的出生次序、早期的记忆，以及梦中寻找到一个人生活风格的形成原因。

对于阿德勒提到的生活风格，我更愿意把它理解为生活态度。它是我们对待事物的一种态度，或者说是某种生活价值观。大多数时候，我们会遵循这个风格或者价值观去生活和建立关系。所以，当我们意识到这个生活风格受到过往经验中一些事情的影响，并且接纳了这种影响时，我们就不会想着去成为别人。要知道，很多人因自卑而痛苦，就是因为想要成为别人。

第三个问题是，我要去哪里。

阿德勒核心理论中的"生活目标与生活风格、社会兴趣与创造性自我"，其实回答了我们将要去哪里。弗洛伊德提供的走向未来的路径是，人们退行到童年或者幼年的状态，再重复体验一次创伤情境，以此来理解并解决我们内心的冲突，以便更好地面对未来。但阿德勒不是，阿德勒心理学表达的是，你走向哪里是你现在可以选择的。你可以选择回到过去，也可以选择从此刻开始迈向未来，创造新的生活。

阿德勒对心理学的贡献，远远不止这人生三问。

我曾经看过一个电视剧，里边有一个观点让我很认同。它说文化有两种属性，一种是强势的，一种是弱势的。我们每一个人在不同的文化系统中都会被影响，就像我们会被自己家庭环境所影响一样。我认为，强势的就是非常有力量的、积极的，而弱势的就是退缩的、保守的。

强势的文化属性追求的是如何去创造属于自己的价值，而弱势的文化属性是不断地在请求别人认同它的价值。我认为阿德勒更像是强势文化属性的一个代表人物。他的很多理论观点都非常符合现代中国乃至这个世界的发展，所以，我们都或多或少地需要阿德勒。

西方心理学对于中国的影响非常大，这是无需置疑的。如果一定要问阿德勒的个体心理学跟其他学派相比哪个更好，那就犯了一个很有意思的错误。因为现代很多的心理学流派都在逐渐走向融合，没有绝对的对与错，好与坏。只有适合自己的，才是最好的。另一方面，阿德勒在《自卑与超越》中曾经说过，若我们生活在一个比较式的、打压式的教育环境里,我们会自然而然地把自己去跟别人做比较。如果我们把阿德勒跟别的心理学家做比较,那我想阿德勒应该是不会喜欢的。

在这本书中,也藏着我的几个小心愿。

第一,希望读完本书的朋友,都能学会如何"做个人",也就是意识到,我们都是普通人,我们看过去是为了我们的未来,而不是为了给我们的痛苦找一个归罪之处。当然,我们有权利责怪别人,但如果我们成年了,那么自我负责的态度就显得尤为重要。自我负责,是成年人应该具备的一个基本能力,你想要什么样的生活,你想成为什么样的人,实际上现在是可以开始选择的。如果一直以来,你都因纠结于自己的过往而痛苦,那真心希望这本书,能够帮助你放下痛苦,放过自己。

第二,也许你一直时不时地认为自己不够好,甚至因此影响到了自己的生活内容,比如交友、职业、学业或者婚恋,那么希望读完本书的你,不再为自己的自卑而自责,而是能够学会更宽容地看待身边所发生的人和事，不再让自己陷入到深深的痛苦中。

我经常说："每一个人都是因为了解而理解，因为理解而和解。"当我们了解自己，了解关系，了解这个世界运转的规律，了解人与人之间相处的底层逻辑，然后我们再去审视，再去重新看待我们自己身上所发生的一切，也许你就会越来越理解自己，理解关系，也理解你身边的那个人。和解不是为了原谅，是为了释怀，也许对方也在为对你造成伤害而忏悔。

最后，送给大家一句话：这个世界没有那么糟糕，相反，也许美好就在我们的身边。

本书的出版得到了我的助理庞梦婷与蓝狮子编辑宣佳丽的许多支持，在此一并致谢。

第一章　目的论

Chapter One

我们的行为和情绪,都隐含着目的

我一直认为,阿德勒的个体心理学是一种心理哲学,他创造了很多让我们精神为之一振的理论,他的许多观点都极具哲学智慧。因此,我愿意称之为有力量的心理学,同时也有理由相信,这是一种可以让我们内心强大的心理学。

阿德勒是心理学界的三大巨头之一,曾担任维也纳精神分析学会主席,后来因为与弗洛伊德的心理学观点不同而离开了精神分析学派。很多人非常困惑,为什么阿德勒心理学跟弗洛伊德心理学有那么大的出入,甚至于有些学者认为他们的观点是对立的。原因在于,阿德勒是精神分析学派内部第一个反对弗洛伊德心理学体系的人。阿德勒后来创立的个体心理学与弗洛伊德的学说在很多方面都有不同的见解。阿德勒反对弗洛伊德以本我为中心的泛性论（即把人类的所有行为都视为由性本能所驱使的心理学学说），更强调自我的功能以及人格发展中的社会因素。弗洛伊德认为人格动力是力比多——一个和性本能相关的动力指标，而阿德勒则认为人格动力源于人的自卑感。很显然，这是两种相对立的人格理论。

对于"自卑感"的来源，阿德勒最早从生理学角度对此进行阐述，即生理上的缺陷引发了自卑感，后来又将原因有意识地转向主观的自卑感，认为自卑感起源于个体生活中所有不完满或者不理想的感觉，不管这种感觉是基于客观现实，还是属于个体的想象。在《理解人性》（*Understanding Human Nature*）等著作中，阿德勒还将自卑感的来源推得更加遥远，认为自卑感来源于人类祖先。

阿德勒的个体心理学受亚瑟·叔本华（Arthur

Schopenhauer，1788—1860）的"生活意志论"和弗里德里希·尼采（Friedrich Nietzsche，1844—1900）的"权力意志论"的影响很深，主要体现在阿德勒理论中的"目的论"，或者称之为"动机论"，即我们为了什么而行动。

阿德勒的目的论告诉我们，人都是为了某种目的而活着，都是为了达到某种目的而采取相应的行动。因此，无论你过去经历了什么，都将对你如何度过今后的人生没有影响。

在这里，我们能看到阿德勒与弗洛伊德之间的一个很大分歧，即弗洛伊德的理论强调过去的经历在影响甚至决定着个体的行为，认为人现在的不幸是由过去受到的伤害或者心理创伤所造成的，对此我们称之为"原因论"。但是阿德勒的"目的论"对此进行了否定，认为决定我们自身的不是过去的经历，而是我们赋予经历的意义。

可能会有很多人认为这是两个完全对立的观点，但我倾向于它们不是对立关系，而是进化关系。阿德勒并不是完全忽视过去经历的作用，而是更多地强调如何利用被给予的东西和赋予过去经历什么样的价值，这才是现在的我们所面临和需要考虑的，主导权在我们手中。如果我们没有意识到这个问题，而是沉浸在过去的束缚中，那么我们将无法突破和改变现状。

恐婚是现在的年轻群体中一种比较常见的现象，甚至有些人在面对被催婚或者逼婚时，会非常愤怒。为什么有的年轻人那么恐婚？如果从弗洛伊德的"原因论"来解释，一个人之所以会对婚姻充满恐惧和不信任，往往是因为小时候经历了父母的离异，或者被身边人一些不好的婚姻状态所影响。但是，并不是所有离异家庭中的孩子都会对婚姻充满恐惧和不信任。因此，阿德勒的目的论认为，不想进入婚姻是这个人的"目的"，为了说服自己达到这个目的，于是搬出了小时候痛苦的经历来作为解释。人都有趋利避害的本能，恐婚也是因为不结婚有利己的部分，比如可能是我们更喜欢目前单身生活的现状，因为这种现状让自己更加安心和自在。

  在家庭动力学里，我们经常会遇到这样一种情况，就是很多人不能很好地进入一段亲密关系，比如不能结婚。不能结婚听上去是因为自己的某些原因或者曾经受到过某种伤害，但是不能结婚还有一个原因——无法离开他原来的家庭，因为在那个家庭里有一个需要照顾的人，并且自己可以从照顾那个人的过程中获得优越感。就好像有的姐姐会牺牲自己去照顾弟弟，她是无法离开她的原生家庭的，因为她的目的是想要打败自己的弟弟，成为一个对于家庭来说有更大贡献的人，从而被更多的人看见。

  小A今年33岁，有一个谈了五年的男朋友，但是他们一直无法顺利地进入婚姻关系。原因是小A总是一边抱怨家人对她索取太多，一边又给弟弟还赌债，即使自己已经很累了，也一样会竭尽全力地去帮弟弟收拾各种"烂摊子"，并且还因此辞掉自己的工作。为此男朋友跟她争论过很多次，但是小A并不觉得有什么问题，甚至觉得男朋友太不近人情了，一点都不为她着想，最后直接跟男朋友提出分手。表面上是小A因为男朋友的不理解而提出的分手，实际上是她的故意为之。她的目的绝不是进入一段婚姻关系，而更多是想要成为一个对原生家庭提供更多价值的人。

和小A一样，很多时候，我们总会为自己做的事情找一个看似合理的理由，于是就有了"原因论"，常见句式为"我就是因为你，所以才会变成这样的"。从精神动力学的角度来讲，这是一种自我防御机制，我们称之为"合理化"。这是很多人无法意识或者无法承认的一点。

在导言里，我曾经提到这样一句话：幸福的童年治愈一生，不幸的童年用一生治愈。假使我们从弗洛伊德的原因论来看，这句话更多会让我们感到悲观或者消极，因为只要有一个不幸的童年，似乎我就要用我的一生去治愈它。但是如果从阿德勒的目的论来理解的话，会让我们感觉到更有力量，那就是你可以做一个选择，到底是要去疗愈你的童年还是给你不幸的童年重新赋予一个意义，然后成为一个幸运的人。

在我的工作中，当我的来访者总是对父母给她造成的伤害而耿耿于怀时，我会问她："你这么做的目的是什么？是为了改变你的父母吗？"其实很多时候，我们这样做的目的是想要表达对现实状况的不满，想要有人来为自己的生活负责。

曾经我也抱怨我的父母，我无法理解为什么我的父母会这样对待我，特别是我父亲对我的那种严厉教育。后来，通过学习心理学，特别是学习了阿德勒理论，我开始尝试去重新定义我对父母的抱怨。我的目的是为了不要成为他们，并且想要跟我的孩子相处得更加舒服自在。因此，当我重新给这件事情赋予一个新的意义以后，反而父母对待我的方式就变成了一件很有意义的事情。正是因为经历了那些，所以我对自己的孩子，包括对亲子关系和家庭教育都有了不一样的理解。从这个角度来讲，我反而挺感谢我的父母，这也在很大程度上改善了我自己跟父母的关系。所以,我成为了一个幸运的人。

总的来说,原因论更多是为了归因,从而把一件事情合理化,而目的论是为了重新去给这件事情赋予一个新的意义或者目标。事实上,我们应该拥有怎样的人生,全由我们如何诠释所决定。

痛苦源于目的不明确

中国有句俗语，叫"无利不起早"，我认为这是对阿德勒"目的论"最好的诠释。"利"实际上是一个目的，"起早"是达成目的的一种方式。除此之外，阿德勒的"目的论"跟中国文化中的一些哲学思想也似乎有相通之意，比如明代哲学家王阳明的"知行合一"，知和行都是一个过程，合一的概念是我们要达成某种目标或者目的。再比如荀子所说的"道虽迩，不行不至；事虽小，不为不成"也有目的论的意味在其中。

在我的工作经验中，我发现很多来访者都对自己目前的生活抱有困惑，其中包括一些患有情绪障碍的个案，当我跟他们讨论时，我经常会听到一个词：迷茫。

因此，当一位来访者来到我面前的时候，我一定会问他两句话，第一句话是"你觉得你自己是一个什么样的人"，这能问出他对自己的了解或者理解，可以让我了解他的生活方式、个性特质或者行为模式，也就是阿德勒心理学概念中的"生活风格"，这些都是为了一个人的目的所存在的。第二句话是"你来找我做咨询的目的是什么，或者你想成为一个什么样的人"，成为一个什么样的人，包含着来访者的目的。

这个目的到底有多重要？跟大家分享一个案例。我有一位来访者，他经常感觉自己身体不舒服，比如手臂酸胀，无法抬起手；再比如关节疼痛，无法很好地行走。但是去医院检查后，并没有发现有什么问题，没有关节炎或者肩周炎。这个情况已经存在十几年了，为了解决这个问题，他不停地去看各式各样的医生，中医、西医、理疗等等，似乎他已经用尽了一切的办法来让自己变得健康，或者说让身体功能受限的地方变得灵活顺畅一些。

我们都知道，如果你的关节功能受限，是可以通过一些康复运动让关节功能恢复的，就像你不舒服发烧了，吃退烧药是可以药到病除的。但是很有意思的是，这位来访者在看了医生以后，他并没有遵循医嘱去服药，也没有采取医生的康复建议。这跟他想要变得健康的目的是冲突的。所以，在这里我们有理由相信，他的目的是想成为一个病人，然后去医院得到某种照顾。当我跟他提出这个假设的时候，他惊呆了。他非常激动并且很愤怒地说："你是在胡扯！谁会愿意去成为一个病人！"这确实是很难接受的一件事情，但同时这也是一个真相。当我们看到真相的时候会很沮丧，很难过，没有任何的优越感，甚至会产生一种特别强烈的自卑感和羞耻感。但是这都没有关系，这些感受都是真实的，接受它，允许它存在，然后我们再慢慢地把它表达出来。

成为一个病人，并且得到别人的特殊照顾，这是他的目的。这跟弗洛伊德的"疾病获益"观点很契合。生病，是可以获益的，而获益，才是他的目的。健康不是他的目的,所以即使他十几年如一日地去看了各式各样的医生,想要改变自己的疾病状态,最后却还是没有解决这些问题,相反,这个问题好像越来越严重了。如果健康是目的,那他真正的方式应该是主动进行一些康复训练,并且谨遵医嘱服药,把想要得到他人的照顾转换成自己照顾自己。

在经过多次咨询讨论后,这位来访者似乎觉察到了某些东西,他开始用一种比较健康的方式去生活了,也有认真进行康复运动。过了一段时间,他跟我说他的手和关节比之前感觉好了很多,病状也在慢慢减轻。

这就是阿德勒的目的论,当我们找到并清晰了自己行为的目的,我们就能知道下一步应该怎么走,要走向哪里,同时很多东西也会随之发生变化。

所以,每当有人跟我说他自己很懒的时候,我都是不认同的。他们不是懒,而是缺乏一个可以获益的行动目标。举一个例子,在距离你50公里之外的某个地方有100万元钞票,你只要拿到了,这笔钱就是你的。但是有一个前提条件，那就是需要凌晨3点出发。如果你急需这笔钱，你会不会凌晨从床上爬起来？甚至为了拿到这笔钱，无论是刮风下雨还是下冰雹，你都会想尽办法去克服所有困难。但是，如果这笔钱是公司老板的，你需要帮忙去取，那么在同样的刮风下雨下冰雹的天气里，你会去取吗？可能因为工作所迫，你也会去取，但是你也会充满抱怨，甚至还有可能会起晚了，以至于不能按时完成任务。

人都是利己的，一旦结果不是对我们有利的，那我们行动的动力就会大大减弱。阿德勒的个体心理学认为，支配个体行为的总目标是追求优越。而100万人民币对于我们来讲，可以带给我们很多优越的感觉，比如可以改善生活，可以周游世界，可以不用工作，这对于我们来说，太有吸引力了。

一旦我们知道自己的目的是什么，那么这个目的就会成为我们所有行为的指导方向。就像有一些人去健身房，是为了让自己的身形发生改变，有一些人去健身房只是为了拍照发朋友圈。前者的目的是让自己变得更健康，身材更好；而后者的目的是想让别人看到我是一个健身的人，从而获得优越感。不同的现实目的会带来不同的行为方式。然而很多时候，大多数人的痛苦在于不知道自己行动的目的或者目标是什么。

比如在家庭教育中，很多父母都会辅导孩子做作业，当有些父母看到孩子的坐姿不规范时，就会在一旁不断地纠正，或者看到孩子动来动去时，就会责怪孩子不专心，于是到最后往往会变成一种"不做作业，母慈子孝；一做作业，鸡飞狗跳"的场景。如果用阿德勒的目的论来理解这个过程的话，我们会发现，这时孩子的目的并不是去完成作业，而更多地是去回应妈妈的需求：坐姿要标准、不能有小动作、不能分神。因此，在这种情况下，孩子必然不能很好地完成作业，而父母也会感到非常痛苦。

自主选择是一种能力

我一直认为,阿德勒的心理学对于家庭教育是非常有效的,并且能够给予很多困惑的父母一些指导,理清父母跟孩子之间的关系,理解在家庭成员互动的过程中到底发生了什么。

在进行家庭教育时,有多少人知道家庭教育的目的是什么?有很多人会以培养一个听话懂事的孩子作为我们的教育目的,但是真正的家庭教育的概念是,如何让孩子知道自己要成为一个什么样的人,并且自主地设定人生目标,以及在完成这个人生目标的过程中形成一种属于自己的生活风格。

每个孩子在很小的时候都有自己的一个人生目标,

比如我们会说："我要当一个工程师，我要当一个科学家，我要去遨游太空……"但是在家庭教育的过程中，很多父母并没有真正地让孩子去确认这个目标，甚至教育孩子的方式跟孩子的目标是有冲突的。父母既想让孩子有创新意识，敢去冒险，又不想孩子太有主见，甚至不允许孩子有任何错误，一旦犯错必然受到惩罚。这显然跟孩子实现人生目标的方向是相反的。一旦双方的目标不一致，那么父母跟孩子之间的权力斗争就会发生。权力斗争，本质上就是孩子说"你看看我"，而父母说"你听我的"。比如一个孩子在吃完饭后很想看电视，但是妈妈让他去做作业。那孩子说："我看完电视再做作业，作业我一定会完成的。"这一刻，妈妈就有挫败感了："不行，你要听我的，现在必须去做作业。"其实两种方式对结果没有太大影响，但是对妈妈的优越感是有影响的，因为孩子不听我的话会让我感觉到很挫败。

我的儿子在6岁左右的时候，有一天他跟我说他想当一名火车司机。当时我跟孩子讨论,他为什么想做火车司机。首先,我需要知道他的动机。孩子跟我说,火车司机很酷,还会鸣笛,而且开火车可以去到很多地方,看不一样的风景。听到这里,我要跟他讨论的是,为了成为一名火车司机,他可以做一些什么样的准备,比如火车司机要接受什么样的训练,要考取什么样的资格证,要形成什么样的生活习惯,然后才有可能达到成为火车司机这个目标。在这个过程中,我也会以自己的亲身经历告诉他,老爸想成为一位非常专业的心理咨询师,所以我会为此学习很多相关知识,完成必要的心理学培训课程,最后才能成为一名专业的心理咨询师。

当我这样跟他讨论的时候,他能看到我是如何为我的目标而努力的,那么慢慢地,孩子就会知道,如果要达成某个目标,他需要经历和完成哪些事情,做出哪些选择,比如当他需要在"完成学业"和"玩耍"之间选择的话,出于本性,他肯定更想去玩,但是为了达成设定的目标,他可能会选择学习。当我们发现自己有选择的权利时，人生就会充满积极和进取，我们更愿意去实现和创造一些东西，从实现和创造的过程中获得一种优越的感觉，而不是通过幻想或者想象获得优越感。

然而，有一些人是生活在过去的，对于当下完全没有人生目标。我们经常说"好汉不提当年勇"，当一个人总是去提起"当年勇"，那就说明了他缺乏对未来的生活目标，或者说现在的生活并没有让他感觉到有任何的优越感，而恰恰"当年勇"可以给他一种优越的体验。当然，对过去念念不忘的人，不仅仅是因为对未来没有太大的目标感，也有可能是我们没有了追求目标的动力，或者说是失去了实现这个目标的勇气。比如，一些无法从失恋中走出来的人，他的目的就是选择让自己待在失恋的痛苦里，不去进行下一段恋爱。这样他会觉得自己是一个痴情的人，是一个受到伤害的人，这是他的优越感。他不需要再去冒险谈一场困难的恋爱，目前的状态就变成了他的舒适圈。在这种情形下，阿德勒的目的论就能够很好地帮助他去选择成为一个什么样的人。

　　每个人的选择都是不一样的。有些人遇到事情就会去解决，但有些人一旦遇到事情，他就会停留在情绪中，比如鲁迅笔下的祥林嫂，祥林嫂之所以没办法从她的悲伤中出来，是因为她渴望得到别人的同情。于是，为了得到同情，她一次又一次地诉说着自己的悲惨故事。当然，这是她的选择，不管是有意的还是无意的，但这种选择缺乏一种勇气，缺乏让自己从糟糕的情绪状态中走出来的勇气。

　　情绪，有的时候也是一种选择。阿德勒提过一个非常有意思的例子。在一位母亲正因为自己孩子的作业没有做好而发火时，家里的电话铃响了，打电话过来的是学校的校长，那位妈妈的态度一下子就变得很平和，根本不会让人感觉到一秒钟之前她还在愤怒之中。这是因为两种情境中的目的是不一样的，妈妈情绪恢复平和的目的是为了能与校长很好地交流，而对孩子发火的目的是为了发火，而不是为了让孩子去改变。因为有时候，这张照片拍摄于20世纪20年代,阿德勒在某个周六发表完题为"让学龄儿童适应环境"的演讲之后。

在这个时期,阿德勒主要做的一件事情是观察儿童。一个人儿童时期的经历,对人格的影响是非常大的。1919年,阿德勒及其学生们在维也纳建立了第一所儿童指导诊所,到1927年,诊所的数目上升到了22家。这些咨询性的机构主要配合教师来排除学生们的心理障碍。

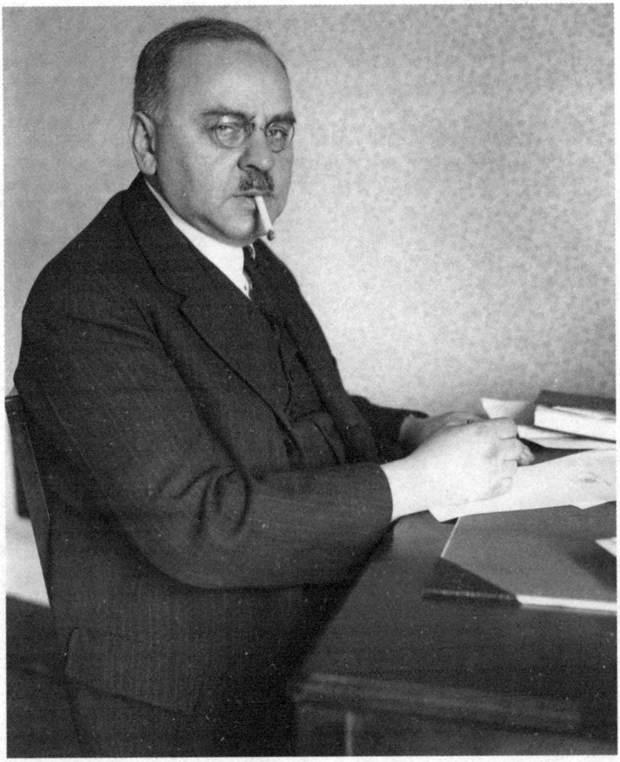

我们对孩子发火不是为了教育，只是为了泄愤。

当我们发现情绪是可以选择的，那么，我们就能意识到，情绪的背后往往也包含着某种目的，无论是意识层面的，还是无意识层面的。比如，在有些情况下，抑郁的状态也暗含着我们无意识层面的目的和需求。从目的论出发，当我们意识到自己能够选择的时候，我们便可以选择过去的经历对自己的影响。关键在于，你想要达成的目的是什么。

原因论与目的论

弗洛伊德的"原因论"强调过去的经历会影响甚至决定个体的行为,阿德勒则认为,我们做出的行为、表达出的情绪,更多受到目的的影响。

我们无法从某种痛苦或麻烦中走出来,可能不是因为我们没有能力走出来,而是不想走出来。比如一个人选择沉浸在失恋的痛苦里,可能是因为这种状态让他觉得自己是一个痴情的人,也可能是想借此向身边的人表达自己受到了伤害,最终的目的是想要得到同情和关注。

"目的论"的积极意义在于,它可以让我们更诚实地剖析行为的动机,通过调整动机来更好地面对未来。

第二章　自卑与补偿

Chapter Two

自卑感的产生

在咨询工作中,经常有来访者跟我说:"我很自卑,感觉自己什么事情都做不好。"这时候,我往往会邀请他们聊聊所说的"自卑"具体是指什么。大多数情况下,我得到的回应是:我长得不好看,所以我自卑;我被领导批评了,觉得自己很差劲;我不敢当众跟别人交流;我没有钱;我不能像别人一样成功……

似乎所有的自卑都表现为我们对自己的负面评价:我不好、我不行、我没用、我不够优秀、我想成为像谁谁谁那样……这对于我们来说,是一种糟糕的感受。

自卑是一个心理学概念,是我们的人格特质之一,主要是对自我的一种否定,或是对自身状况的不满意。

一般来说,自卑的表现方式有很多种,不仅仅是我们前面提到的负面自我评价,还有一些人会用自负的方式来掩盖自己的自卑,比如我们常说的"杠精",他们往往会通过争强好胜的方式来掩盖自己虚弱的部分。对此,阿德勒在他的《自卑与超越》中分享了这样一个例子。

> 三个孩子第一次去动物园,当他们站在狮子笼前,第一个孩子立刻躲到了妈妈身后,胆怯地说:"我要回家。"第二个孩子则站在原地一动不动,脸色苍白,用颤抖的声音说:"我一点都不害怕它。"第三个孩子表现得比较大胆,他不但目不转睛地盯着狮子,甚至还问妈妈:"我可以向它吐口水吗?"

实际上,这三个孩子都害怕狮子,因为他们在狮子面前都处于劣势地位,也就是他们是渺小的,这种渺小会激发起人类与生俱来的自卑感,但又由于他们各自的人生态度和生活模式不同,所以每个人的表现和反应也都不同。

在这里,我需要先跟大家澄清一下,自卑和自卑感是两个不一样的概念。正如前面我们所说的,自卑是我们的人格特质之一,而自卑感则是一种感受,一种体验,类似于我们常说的成就感、荣誉感。举个例子,甜是一个名词,我们很难去解释它,但是甜的感觉,我们是可以描述出来的,它更多是源于我们的一种感受。在此,我想聊聊自卑感是怎么产生的。

关于"自卑感",阿德勒在他的《自卑与超越》中给出了另一种诠释。阿德勒认为,自卑感是个体心理学中的一个基础概念,它不是狭义意义上的贬义词,也不是一件坏事,而更多的是一个中性词。在个体心理学中,自卑感是人类文化的基础,也是推动人类进步和个人成就的主要动力,比如一个人由于对自己的能力感到自卑,便奋发图强,不断地发展和充实自己的能力,以至于最后成为某一领域的佼佼者,这让他获得满满的成就感。但严重的自卑感是心理上的一种缺陷,常常会包含着羞耻和挫败,甚至会对我们有伤害性,比如我们会因为感到自卑而去跟他人比较,总是拿着自己的缺点和别人的优点比,总是觉得自己处处不如别人,看不到自己的价值,这阻碍了我们去建立良好的人际关系。

事实上,自卑感是人类与生俱来的一种感受。为什么这样说?阿德勒在个体心理学的研究与构建过程中,结合他本人从小身体羸弱的经历,从生理学的角度认为,人类在幼儿时期,由于身体的弱小、无力,必须要依赖成人的帮助与爱护才得以存活,因而人类从出生伊始,就会存在一定的自卑感,我们称之为"先天性自卑感"。

人类幼儿刚出生的时候,跟其他的动物不太一样。人类幼儿需要依赖于成年人的照料才能够存活与发展,不像有些动物一出生就具备自己移动身体的能力,比如小羊羔出生以后,很快就会站立,不用母羊教。人类幼儿如果在早期没有人照顾，那就意味着被抛弃，无人能依赖，这使他几乎无法存活下来，而且幼儿内心会有极大的恐惧感。如果这时候有妈妈在身边把他抱起来哺乳，那么幼儿才有生的希望。因此，一个人在生命早期的"自卑感"，更多是由可能被抛弃的死亡恐惧感所引起的。

这种自卑感延伸到成年后会表现为：我觉得自己什么都做不到，只能由他人来帮助或者满足我，如果对方离开了我，我是没有能力独自活下去的。这跟幼儿早期的自卑感是一致的。

事实上，这种先天性的、幼儿期的自卑感在我们每个人身上都存在，只不过在我们成长的过程中，因为我们所受到的教育或者我们被对待的方式不同，导致有的人通过发展自己补偿了这种自卑感，而有的人却持续甚至放大了这种自卑感。

另一方面，随着个体心理学的深入发展，阿德勒有意识地从心理与社会障碍的领域，也就是从生理学之外的视角来研究自卑感。在这一阶段,阿德勒十分强调家庭教育与儿童自卑感的关系。这种自卑感,更多来源于后天人为造成的一种自卑体验。

我有一位来访者曾经这样说:"我所有的表现都不错,各科学习成绩在班上都是前几名,但即使这样我的父母还是不满意,似乎只要我不能超过我们学校的第一名,我就是没用的,在他们眼里我就像一个废物,我觉得自己特别自卑,特别是看到一些成绩比我好的同学,我就会控制不住地嫉妒他们。"我们会发现,在家庭教育中有很多这样的比较。比如,在一些家庭中,挑剔型父母或打压型父母往往对孩子并不善意,经常性否定自己的孩子:"你怎么连这个都做不好?你怎么这么笨?我把所有的时间和精力都花在你身上了,你为什么还不如隔壁小明优秀……"这些语言攻击其实会给孩子造成很多自卑的体验,并且一旦父母的这些批判被孩子内化了,那么之后孩子在做任何事情时,这种充满着否定和批判的声音就会出现,使得一个人变得极度自卑,唯唯诺诺，不敢去尝试。

再比如，在重男轻女的家庭中，女孩出生以后，由于父母更期待她是一个男孩，她会因为自己缺乏男性的体格或者某些器官而感觉到自卑，我们称之为"性别自卑"。如果这种情况没有被很好地解决，甚至被强化了，那么有可能一些女孩长大了以后，会对男性有一种天生的恨意，当然也有可能发展成把自己视为服务于男性的角色。

如果在家庭教育的过程中，父母能给到我们足够的肯定和支持，那么这些人为造成的自卑感就不会一直停留在我们的身上，或许还能通过其他方式进行补偿和发展。但是一旦被强化了，我们就会感受不到自己的价值。即使想要改变，想要达到自信满满的状态，也会因为自我能力的不足，再次体验到强烈的挫败感和无力感，进而陷入到自卑的情结中。

还有一种自卑源自社会阶层，这在中国的文化中也有一些体现，比如，古诗文《陋室铭》中说到"谈笑有鸿儒，往来无白丁"，再比如"万般皆下品，唯有读书高"，其中的"白丁""下品"都体现了我们所说的阶层自卑感。。

  总的来说，个体自卑感产生的原因有很多，不仅有先天性的，也有后天人为造成的。自卑感作为一个中性概念，可以成为激发我们自我发展的力量，也可以成为我们前进的阻碍。因此，自卑感本身从来都不是问题，有问题的往往是我们解决自卑感的方式。如果一个人的自卑感很强，但能力又不够，那么就会体会到一种糟糕的感受，我们称之为自卑情结。

自卑情结的运作

"自卑情结"是个体心理学的重要概念,指一个人在意识到他要面对一个他无法解决的问题时,表现出的无所适从。

如果我们把自卑感比作一座山,并且是我们可以看见、可以意识到的,那么有些人可能会认为,只要我把这座山移开了,我就不会自卑了。但是在移山的过程中,我们发现自己的能力是远远不够的,从而体会到强烈的挫败感。所以,越是想要移开这座山,可能越会感到自卑。当有些人发现自己的努力无济于事时,他就不会再有任何的移山行为了,转而希望他人为自己解决一切问题,包括移开这座山,而不是想办法来让自己变得更强大。甚至有的人会直接忽略这座山，不断地去挑剔脚边的石头，认为是石头让自己变得那么痛苦。但不管怎么样，这座山依然还在，那种自卑的感觉也依然还在。久而久之，它就变成了一种固定的情结，也就是在困难面前，他们会退缩、逃避、不作为。于是，当某一天我们看见另一座山的时候，这种无力解决的自卑感会再次出现，成为我们解决所有问题的障碍。对于这种情况，我们称之为自卑情结。

在这里，我重新用场景来解释一下"自卑情结"。有一天，我要去面对一个有200个听众的演讲，这让我压力非常大，担心自己的能力不够，也担心自己在演讲过程中出岔子，特别是看到前面的嘉宾演讲得那么好的时候，我产生了一种恐惧，这种恐惧促使我产生了一种心理反应，这种反应就是："哎呀，我要不就按照前面嘉宾的方式去演讲。"当我站上台的时候，我发现我演讲的效果并不理想，下面的人似乎都不爱听，也没有人回应我，这种演讲效果引发了我内心崩溃的状态，在这一刻，深深的恐惧感让我草草地结束了演讲。下一次有演讲机会的时候，我可能会拒绝。拒绝的原因并不是我认为自己还需要提升演讲能力，或者我应该去发展我个人的演讲风格，更多的是我内心中间不断地在告诉自己："这个演讲我是做不来的，我不是一个会演讲的人。"在这个过程中，我的自卑情结就产生了，也就是我们所说的"演讲恐惧症"。当我可能需要再次在很多人的场合说话时，我会觉得很恐惧，以至于最后我语无伦次，或者根本不愿意表达任何东西。因为这时候的我并没有关注演讲本身，而是在关注"我不行"。于是一次又一次地错失了很多表达机会的我，就有可能变成一个无法当众演讲的人。

因此我一直认为，自卑情结是一种思维方式，一种自卑的模式。当一个人没办法做成一件事情时，他会产生一种特别强烈的焦虑感和自我怀疑，如果这种情形没有得到改善，那么以后遇到类似的事情，他的第一反应就是觉得自己可能又做不成这件事情了，以至于最后直接放弃对这件事情的挑战,或者自我欺骗,认为自己只是不想去做。

这个过程跟认知心理学中的"习得性无助"非常类似。"习得性无助"是美国心理学家马丁·塞利格曼(Martin Seligman,1942—)于1967年在研究动物时提出的,他用狗做了一项经典实验。起初他把狗关在笼子里,只要蜂音器一响,就给狗电击。狗关在笼子里逃避不了电击,多次实验后,蜂音器一响,在给狗电击之前,塞利格曼先把笼门打开,此时狗不但不逃,而是不等电击出现就先倒地开始呻吟和颤抖。没有主动逃离,而是绝望地等待痛苦的来临,这就是"习得性无助"。

后来很多实验证明了这种"习得性无助"在人身上也会发生。比如在现实生活中,那些长期经历失败的人,他们身上常常会出现"习得性无助"的特征。当他们无论如何努力都以失败告终时,他们就会选择"摆烂""躺平",毫无斗志,最终直接放弃了所有的努力，陷入无尽的痛苦和绝望中。

因此，如果一个人长期陷入自卑情结中出不来，就会影响自己的生命质量和人际关系，甚至影响自己在社会生活中的很多情绪和感受。举两个相对比较极端的例子，它们让我们看到，当自卑情结运作时，我们的情绪和行为会受到多大的影响。

第一个例子是关于整容强迫症的。我的一个来访者是位三十多岁的女性，从小被妈妈说长得不好看，同学还给她取了一个具有侮辱性的外号"丑八怪"，这让她觉得很羞耻，以至于她从小就讨厌自己的长相，对自己的容貌很自卑。所以长大后她不断地整容，去做各种可以让自己变漂亮的美容项目，但是到最后，即使身边的朋友都觉得她已经很好看了，她还是觉得自己不够完美。慢慢地，她甚至想把自己整成自己喜欢的女明星，直接想成为另外一个人。这是一件很疯狂的事情。这位女性也知道整形是有风险的，而且整形的效果很难控制，在这种情形下，她不知道自己要不要去做这个手术，于是每天都会处在焦虑的状态。所以，她来找我咨询。实际上，她并不是因为要不要做手术而焦虑，她焦虑的是，她能不能真的变得像自己喜欢的女明星一样美。这种不确定的感觉让她很焦虑，而焦虑感来源于失控感，也就是她无法控制自己的容貌，无论是小时候的长相，还是整容后的容貌。从创伤心理学的角度来说，整容是她疗愈小时候的自己的一种方式。同时，强迫性的整容行为，更多是她对母亲的报复。因为她无法改变母亲遗传给她的基因，那只能转而通过整容来改变自己的容貌，让自己获得变漂亮的优越感，以此来反抗母亲。这其实就是典型的自卑情结：你们认为我好看并不重要，整容也不重要，最重要的是我拥有我想象中的天使脸蛋才可以。一旦脑海中充满了这种信念，她跟别人聊天的话题都是围绕着整形来展开的，以至于整形医生似乎变成了她的心理医生。

另一个例子则是关于抑郁症的。抑郁的源头，很多时候是一个人对自己的不满。有一位四十岁左右的男性找到我，他说这段时间自己的负面情绪很多，感受不到任何开心的情绪，非常抑郁。在后来的咨询中我了解到，这位男性刚被裁员，去其他公司面试又屡屡失败，这让他陷入了深深的自我怀疑中。他觉得是自己的能力不行，想要出去创业又发现自己没有任何的人脉资源，而这时候妻子还在不断地催促他找工作，他想要跟青春期的儿子聊聊天，也被嫌弃说什么都不懂……一次次的现实与理想的差距，都加剧了他对自己的否定。一方面，他感觉自己一无是处，拖累了家庭；另一方面，他又很愤怒，觉得很多人都对不起自己，自己失业也是公司忘恩负义。这让他对自己的攻击一直没有停止过，同时，他也对无力彻底改变这种状态的"不够好的自己"，极其愤怒和嫌弃。在这样情况下，人的内在是不可能和谐的，因此他感觉自己抑郁了，活在一种非常负面的感觉里。我们常说，抑郁呈现出来的是"三无"的状态，即无力、无望、无助。这个时候，如果身边没有足够的支持性资源，而自己又没有足够的能力走出来，那这种抑郁最终会吞噬我们的生命，这是非常可怕的。

那么，我们要如何解决这种自卑的感觉呢？

自卑、自卑感、自卑情结

　　自卑是人格特质之一，它的表现方式有很多种，比如充满对自己负面的评价，或是用极度自负的言行来掩盖自卑。自卑感则是一种体验和感受，它本身是中性的，可以成为激发我们自我发展的力量，也可以成为我们前进的阻碍。自卑感从来都不是问题，有问题的往往是我们解决自卑感的方式。

　　自卑情结则更像一种思维方式，当一个人没办法做成一件事情时，他会产生一种特别强烈的焦虑感和自我怀疑，如果这种情形没有得到改善，便容易形成固定的情结，在困难面前退缩、逃避、不作为。当自卑情结运作时，一个人的情绪和行为会受到很大的影响。

解决自卑感的方式

每个人表现自卑的方式不同,同样地,解决自卑感的方式也是不一样的。比如,有的人需要让自己处在自卑的状态里,因为这样的自卑是他们的一种生存策略,或者说是一种防御手段,是可以获益的。一个自卑的人可以这样告诉别人:"我都那么自卑了,那么糟糕了,你还想我怎么样。"他可以以此来避免承担一些原本属于自己的责任。再比如,有的人解决自卑感的方式是去获得某种优越感。就像阿德勒一样,因为对自己的身体缺陷不满意,不断发奋图强,创造出对人类有极大贡献的个体心理学。

虽然自卑感无法消除,但是我们可以通过一些方式,让自卑的体验在我们生命中达到一种平衡的状态,不至于对自我产生负面的影响，比如，我们可以对自己的经历进行创造性的解读。

我曾经见过一个特别暖的男人，他的事业很成功，是某家公司的副总裁。他有一个很奇特的技能可以让别人一眼就记住他。

我们第一次见面是在饭局上，当时有十个人，每个人都有自己的手机，他很自然地把每个人的手机拿过去擦得干干净净，而且完全不会让我们觉得不舒服。后来，我们慢慢熟起来，我就好奇地问他："你这个技能能让我一辈子都忘不掉，你一直是这样的吗？"他说："我一直是这样的，我觉得让很多人开心就是我的责任。"再后来，随着交往的加深，我了解到他家里有七个兄弟姐妹，他是第六个。他妈妈原本生到第三胎的时候就不想再生了，但现在一共有七个，可以想象后面那几个孩子是不被妈妈盼望降临的，甚至于他的名字就是老六。他有一次跟我说，他之前报考某所学校时，他妈妈竟然问他："老六，你的名字是什么？"

家庭经历让他觉得自己是不被重视的,所以在他的人生中,他一直想要追求的东西就是能让别人记住自己。他说,在这个过程中,他反而学会了更多的技能,例如如何把握住机会,怎么更好地表现自己等等,这些都给他的事业带来了很大的帮助。

因此,即便有着同样的自卑体验,不同的人也会有不同的命运,主要看我们选择如何去解读我们的经历。

追求优越感是很多人解决自卑感的主要方式。阿德勒认为,人人都在追求自己独有的一种优越感。它取决于人们赋予生命的意义。

在我很小的时候,我们村有一个50多岁的男性,不怎么出门,也没有稳定的长期工作,跟人打交道的时候也总是唯唯诺诺的。我能够深刻地感觉到,在跟所有的人交往过程中,他有一种强烈的自卑感。

但他有一种技能,就是村里谁家亲人去世了,他会被邀请去做白事司仪,并且他能够把控白事的所有流程。在这个过程中,我发现他跟平时不太一样了,他在做司仪的时候，神态是非常自信的，抬头挺胸，有一种权威的感觉。那一刻，他完全没有平时唯唯诺诺的、自卑的感觉了，像是变了一个人似的。所以，当一个人在某一方面特别突出的时候，他能从中获得很强的优越感，并且能补偿他在其他领域的自卑感。

我曾遇到过一个人，他在任何的场合里都句句不离他的朋友们，说他的朋友有多么厉害，多么成功，似乎认识那么多厉害的人，他也很厉害。但实际上，他的社会阶层相对来说是比较弱的，生活和工作也是一团糟。因此，他内在希望通过自己有这么多厉害的朋友来补偿自己自卑的感觉。但是，这是一种过度补偿，而且获得的是一种自欺的优越感。这对于关系、对于别人和对于社会来讲，其实是没有太多贡献的。

因此，当我们用自欺的方式去补偿自卑时，恰恰又陷入了我们所说的自卑情结中。这是一个无限的循环，需要警惕。那么如何追求优越感呢？这个问题，我们将在下一章中具体讨论。

约1930年，阿德勒（右一）被提名为维也纳荣誉市民。照片中的阿德勒与另外三个人保持了一些距离，似乎并不亲近，表情也比较严肃，似乎感受不到被提名为维也纳荣誉市民的愉悦。这个时期的阿德勒与弗洛伊德的关系进一步破裂，1928年，阿德勒明确

否认弗洛伊德在《精神分析运动史》一书中对他们9年交集的描述。1930年,在第五届国际个体心理学大会中,阿德勒驳斥了弗洛伊德《文明与缺憾》一书中传达的近乎宿命论的绝望情绪。

第三章 追求优越

Chapter Three

我们的一切行为都是为了追求优越

在上一章中，我们提到自卑感是人类与生俱来的一种感受，它源于人类的弱小和无助，而大多数人补偿自卑感的方式是去追求一种优越的感觉。

对于优越感，人们往往认为它是贬义的，以至于会用这个词来形容一个高傲自负的人。但实际上，我们每一个人都不同程度地拥有某种优越感，比如职业优越感，一个国企员工在职业不稳定的人面前会感觉良好；再比如身高优越感，一个高个子的人在小个子面前会更有身高优势。可以说，追求优越是人类的基本需要，没有优越感的人是不存在的，只不过每个人追求优越的方式是不同的。

追求优越，是阿德勒个体心理学的核心概念，也是支配个体行为的总目标。阿德勒认为人生而具有一种"向上意志"，这种内驱力将人格各方面汇成一个总目标：要求自己高人一等、出人头地，就像地里的麦芽一样，都想要破土而出，向着有光的地方生长。阿德勒把这种内驱力称为"追求优越"，这跟弗洛伊德所提出的"性和攻击是人类的两大驱动力"这一观点是有重大区别的。阿德勒更多认为，追求优越是人生的推动力，在这种力量的驱动下，个体力图做一个没有缺陷的、完善的人，所做的一切都是为了建立一种优越感，借由这种优越感来克服生活中的障碍，以及补偿自身的自卑感。因此，超过别人，优于别人，都是个体追求优越的人格体现。

对于"追求优越"这个词，可能很多人会认为，这是一件美好的、努力向上的事情。但其实不然。个体心理学中所说的"追求优越"是有双重性的，不一定是朝向美好的一面，也有可能朝向破坏或者痛苦的方向。比如，一个孩子为了追求优越，他会用功读书，考个好成绩，让自己表现突出，成为众人的焦点；但有些孩子在认为读书并不能让自己出人头地后，就会通过反叛、离家出走，让自己成为"坏孩子"，同样达到"我是特别的"这种优越感目标。因此，不同的追求优越的方式，会呈现出不同的结果。

中国有个成语叫"趋利避害"，即趋向有利的一面，避开有害的一面，这是人之本性。如果从心理学的角度来说，趋利和避害，也是个体追求优越的两种不同方式。

我有两个学生，当我需要学生A去做一件事情时，他会不断地询问我关于事情的所有细节，似乎要把事情做到完美。后来，我观察了一下，发现学生A之所以那么谨慎，是因为他对事情的结果有很高的期待，特别害怕自己做错了。所以，为了不体验失败和错误的感觉，他就不断地去确定信息。这对他来说是一种自我保护的方式，同时在不犯错的基础之上，他获得了一种优越的自我评价：我是负责的人，我是一个还不错的人。

我的另一个学生B，当我同样交代她去做一件事情时，她会先确定这件事情我们需要达到一个什么样的目标，然后根据这个目标不断地去细化行为，同时在这个过程中，她会主动地提出很多新的想法，往往最后给人一种耳目一新的感觉。

这两位学生，最后都顺利完成了任务，满足了自己对优越感的需求，即实现了优越感目标，但是给我的感觉是截然不同的。学生A追求优越的方式更多是一种避害的行为，以达到"我是一个不犯错的人"的目标或者结果，这对应的也许是他内在的自卑体验：我是一个容易犯错的人，我是一个不中用的人，我是一个对他人并没有太大贡献的人，如果我没有做好的话就不会被别人所爱。而学生B做事的积极性非常高，很多行为是自主自发的，更多的是一种趋利的行为。这个利，就是我们所说的优越感，她可以把完成一件事情的优越感转化成一种自我成就感，能够增加自信，创造出更多有意义的结果。

或许，有人会问这样一个问题："追求优越真的能补偿我们的自卑感吗？真的能让自己变得更好吗？"在这里，我需要澄清一点：并不是所有追求优越的人，都是为了变得更好，我们需要看到一个人追求优越的目标是什么。比如，我的那两位学生，学生A是不会让自己变得更好的，因为他追求优越的目标是不能犯错。但是学生B追求的是自我成长，获得更多的经验和体验，这是可以补偿我们的自卑感的，甚至能帮助她成为一个对社会和对他人有更高价值的人。

每个人的优越感目标都是不同的，它依赖于个体赋予生活的意义，而在向着目标前进的过程中所获得的便是优越感。阿德勒在《自卑与超越》中提到："优越感的目标一旦被具化后，个体的生活模式、行动都会为此目标服务。"因此，所有的问题儿童、神经症患者、酗酒者、罪犯或性变态者，他们的生活方式和行动都是为了达到他们所认为的优越地位。

举一个例子，一个出生在多子女家庭的女孩，因为患有厌食症而获得父母的特殊关注和照顾。当医生问她为什么不想吃饭时，她回答道："当我不想吃饭的时候，我的父母会花大量的时间来照顾我，哄我，甚至会想方设法给我买很多的零食，这些待遇我的哥哥姐姐都没有。"由此可见，吸引父母更多的注意力是她的优越感目标，而她需要厌食症来帮助她达到这个目标。从这个角度来说，她的厌食症是必须存在的，如果不存在了，她就无法获得父母更多的爱。

再比如，中国有句话叫"过分谦虚等于骄傲"。如果你是一个大家都公认的美女，当别人赞美你漂亮的时候，你坦然接受赞美会让人觉得真诚；反之，你回答说"其实我长得很难看"，从而想表现自己是一个谦虚的人，但这与客观事实相悖的回答会让人觉得虚假，而这一行为的动机就在于"成为一个谦虚的人"是你的优越感目标。

优越感的满足

在生活中,我们可能会遇到这样的情况:羡慕朋友,嫉妒同事,忍不住跟他人比较,等等。这种嫉妒和比较的背后恰恰反映了我们每个人都潜藏着追求优越的需要。

有些人特别喜欢通过打压别人来满足自己的优越感,网络上的"键盘侠"就是最典型的例子,经常在网上抨击别人这不好,那不好,这做得不行,那做得不行,似乎全世界只有他是最好的、最棒的。同时,他们还会站在道德高点去评判别人的行为。别人出轨了,他们会说:"真不要脸,有这么好的伴侣还出轨,这是对婚姻的不尊重。"别人离婚了,他们会说:"这么好的婚姻就这么没了，肯定是其中一方不用心。"这种"我对你错"的评价过程满足了这类人的自恋，从而获得一种道德上的优越感——我是在帮你，我是一个好人。对于这样的优越感，我们称之为自欺式的优越感，是用来自我安慰和自我陶醉的，它是自卑情结的一种表现，创造不了任何的价值。

那我们应该如何追求优越，以恰当的方式获得优越感的满足呢？我们可以从现实性和社会性的两个维度来具体看看。

第一，从现实性的维度来看，优越感的满足有两种途径。一种是现实的途径，比如通过自己的努力而取得一定的职业成就或者社会地位，或者通过运动锻炼让自己拥有健康的体魄，等等。另一种则是想象的途径，比如幻想可以拥有巨大的财富，完美的身体，成为世界的拯救者，拥有特异功能等，以此来获得优越的错觉。

现在很多的人都有身材焦虑，甚至会以减肥或健身作为一种生活时尚。当他们决定减肥的时候，其实已经设想了自己减肥以后的结果，甚至想象了一个完美的符合自己期待的身材。在这个过程中，他会直接发一条朋友圈，告诉所有人自己要减肥了。当他发这条朋友圈时，不管能不能减肥成功，他都会因为自己做了这么一个决定，展现自律的生活态度而感觉到优越。无可非议，在那一刻，他是可以体验到优越感的，并对自己在朋友圈做出承诺而带来的优越体验特别沉迷。但是当他在减肥过程中，因遇到困难而产生回避心理时，他会非常自责，甚至认为自己什么都做不好，以至于最后陷入了自卑情结中。这就属于通过想象来获得优越的错觉。

而另一类人，当他决定要减肥塑身时，他不会告知任何人，而是默默地按照自己的节奏在行动，并且为了达到自己设定的减肥目标而主动改变原本的生活方式，打算悄悄努力，然后惊艳所有人。因此，当有一天他的目标达成了，他会觉得自己是很不错的，是自信的。也许他会把自己减肥前和减肥后的照片发在朋友圈，但这是对自己的一种肯定，而且从中获得的优越感也是真实的、有力量的，能够让自己感受到有所成就的。这就是通过现实途径来获得优越感。

失恋也会激发人们以不同的方式追求优越，因为失恋会让我们的自恋受损。我记得大学有一位同学，他追求我们班的一位女生，但是无论是表白还是送礼物都被拒绝了，女生拒绝他的理由是想要找一个多才多艺的男生做男朋友。这让他非常郁闷，觉得自己什么都不会，也没有什么兴趣爱好，所以难受得在床上躺了好几天，然后他跟我们说他要去学围棋，还要去学跳霹雳舞。当时我们都以为他在开玩笑，但是后来他真的非常努力地去完成这两件事情，在围棋比赛中打败了我们学校的所有对手，而他的霹雳舞也跳得特别好，成为学校表演中的一个保留节目。在这个过程中，我能明显感受到他越来越自信了，完全没有了之前表白被拒后的颓废。虽然后来他没有跟之前追求的女生在一起，但是他通过现实的努力让自己变得更加优秀，而这种优秀无形中让他产生了一种真实的优越感和满足感，整个人都变得神采飞扬，不再觉得自己很糟糕了。

当然，也有一些人在失恋后会幻想对方有一天回心转意来找自己，或者不断地抱怨指责对方，甚至有的人会通过散布谣言来恶意中伤对方，以此获得一种虚假的优越感，即我那么好，离开我是你的损失。

第二，从社会性的维度来看，获得优越感也有两种方向。一种是追求个人的优越，如个人的名声、地位或者财富，甚至为了获得这些优越感而不惜忽视社会和他人的需要，这对社会生活是无益的；而另一种是在为社会做贡献的过程中实现个人的追求和价值，这是对社会有益的，也是被社会鼓励的方式，比如一些慈善企业家和社区工作者所从事的工作。阿德勒在"社会兴趣"这一概念中也非常清楚地表达，如果一个人在追求优越的同时把自己的优势与社会兴趣结合在一起，那么这种追求优越会让他更有利于发展自己的人生高度。这里谈到的"社会兴趣"是阿德勒心理学的重要概念之一，我会在后面详细展开。

因此,追求优越的结果具有双重性。如果我们追求优越只是为了个人的利益,只是为了补偿我们的自卑,那么虽然我们能够得到暂时的自尊提升,但也有可能会让自己陷入到自欺的优越感中,容易自以为是和骄傲自大,同时缺乏社会兴趣,回避所有的社会活动和社会交往,这是不可取的方向。只有建立在现实的基础上,为社会生活做出有益贡献的优越感满足方式,才更有利于个体的身心健康,是一种双赢。

需要被警惕的四种优越感

可能在我们的生活中，听到更多的不是追求优越，而是追求完美。但是，追求优越和追求完美是两件完全不同的事情。追求优越是一种动力，而追求完美是对现实中的自己的否定。

我们都知道，完美是不存在的，人生来就存在各式各样的缺陷，不管是生理的还是心理的，所以，完美更多是我们的一种妄念。也许我们只是用追求完美来作为对自己的一个定义：我是一个追求完美的人。这听上去是如此与众不同，似乎已经让我获得了一种虚幻的优越感。

经常有来访者跟我讨论，为什么自己做事总是喜欢拖延。如果用阿德勒心理学理论来解释，拖延症就是追求完美的结果，而追求完美，是为了获得一种优越感。这里面有三个动力。第一个动力是，拖延是因为害怕犯错，是一种避害的行为。我是一个不会错的人，我要做出完美的结果，如果做错了，有可能我会受到某种惩罚，所以我很害怕。当一件事情只停留在脑子里，没有付诸行动的时候，它就不会有结果，但是一旦我付诸行动，结果就不受控了。而且在这个过程中，我可能会对自己的能力感到自卑，所以，拖延是为了平衡我内心自卑的感觉。第二个动力是，当我可以把原本要花三个小时做的事情在5分钟内做完，我会觉得自己特别厉害。所以，很多把事情拖到最后一刻才完成的人，他本身是在追求极致的优越感，也是一种极度的自恋。第三个动力是，拖延是为了得到一个完美的结果，所以我们在不断地构思，只要不让这个完美的结果被打破，那我就是一个追求完美的人，这是能够获得优越感的。只不过，这是一种自欺欺人式的优越感。

生活中，我们需要警惕一些不易被察觉的隐秘的优越感。在这里，我把这些隐秘的优越感大致分为四类。

第一类是权力优越感。我们会发现，有一些人是不能拥有权力的，一旦拥有权力，他会把这种权力运用到极致。比如，一个觉得自己生活各方面都不是很如意的保安，当他拥有放行他人的权力时，他会故意刁难别人，故意去约束他人的人身自由以获取优越感，或者敌对所有的人，让自己成为一个掌控者，甚至会用一个看似很高尚的理由来控制你，比如保护你的安全，同时无视你的所有诉求。再比如，当一个人在打击或者贬低对方时，也是为了获得权力高位的优越感。

在这里，我跟大家分享一个故事。在我的小孩上一年级的时候，老师要求父母和孩子一起做手抄报，但我把手抄报的主题理解错了，导致小孩完成不了任务，他很不开心，当时我就跟他承认了自己的错误："儿子，很抱歉，是我把手抄报的主题搞错了，爸爸有时也会犯错，但没关系，大不了重做一份，怎么样？"我道歉之后，孩子扭捏了一下，但没过多久就自己把材料准备好了，让我和他再做一份新的手抄报。之所以我会真诚地向孩子道歉，是想让孩子看到，即使是他崇拜的爸爸，犯错误也是正常的、能被允许的。

然而，有些父母很在意自己作为父母的权威感，即使无心犯错了也不肯承认，甚至会用指责的方式把错误推到孩子身上，或者为了推卸责任重新定义对错的标准，这些都是父母无法承担责任的表现。同时，这些父母会认为"我没有做错"，"我是在为你好"，"这是我的孩子，我不可以跟他道歉"，他们通过这样的心理暗示把所有的东西都合理化了。

其实，这样的父母已经把自己架在一个权力高位上了，他必须要用一种权威的方式来让孩子认同他，殊不知这样会让孩子感到痛苦。被这样对待的孩子成年后也习惯于小心谨慎，不敢犯错，怕犯错后自己就会像小时候那样受到来自父母的惩罚、数落与埋怨。即使犯了错，也多半不敢承认，可能会学父母那样，把责任推给别人或掩盖自己的错误。除此以外，还有另外一种相反的极端表现，就是过于负责。由于过于想要做一个不犯错的人，有时候即使别人并没有指责自己，还是会过分自责，甚至把一些不完全属于自己的责任也揽到自己身上，从而导致内耗过重。这样的孩子在追求优越的时候，也大多无法体验到真正的优越感和成就感。

在职场上，这种权力优越感也是常常存在的。我们会发现，如果你在职场上是底层员工，可能会遇到有一些人特别爱开你的玩笑，虽然这种玩笑让你感受到是恶意的，但对方还会跟你说："你这个人怎么这样，连玩笑都开不起。"很显然，对方在通过这种玩笑来释放他的攻击性，让你感受到挫败的同时，他得到了一种权力的优越感，即他认为他可以影响你的情绪，评判你这个人。另一方面，在职场上也有一些人会通过支配力来获得一种优越体验，比如有一些老员工会让新员工去买咖啡、拿外卖，或者在新员工面前论资排辈，目的是想让新员工顺从他们，从而获得权力的优越感。

第二类是自大式的优越感,也叫自欺式的优越感。有一些人认为自己另类于他人,不想参与到其他人的活动中,有一种"众人皆醉我独醒"的独特优越感。比如,有一些无所事事的人会把自己幻想成某个国家的拯救者,以至于经常评论某个国家的总统是不合格的,如果让他做总统,肯定会比现在更好。但实际上,这种自大式的优越感,更多是对现实生活的一种回避,是在逃避自卑。他无法直面自己的自卑感,甚至认为有了自大式的优越感,自卑就消失了,就像阿德勒在《自卑与超越》里提到的去动物园看狮子的第三个孩子,其实他心里是很害怕狮子的,但是他表现出来的是一副无畏的样子:"我可以向它吐口水吗?"从心理动力学上来讲,这是一种反向形成,是一种自我防御。因为自己太过于虚弱和脆弱了,所以需要这种自大式的优越感来保护自己。

再比如,有一些人特别喜欢八卦,当他获得了一个别人都不知道的信息,并分享给别人的时候,他会得到某种优越的体验,因为这个信息只有他一个人知道。这其实就是自我陶醉的自欺式优越感。

第三类隐秘的优越感,我称之为虚荣感。我们如何理解虚荣的感觉呢?举个例子,幼儿园里有两个小朋友,小朋友A有一个超酷的奥特曼玩具,是爸爸送给他的生日礼物。当小朋友A把这个玩具带到了幼儿园,所有的小朋友都很羡慕,都抢着跟他一起玩。小朋友B看到这个情况以后,很嫉妒,所以他想方设法地把小朋友A的奥特曼偷走。然后第二天同样拿到幼儿园跟所有的小朋友说,这是我爸爸买给我的生日礼物,可能其他小朋友也会很羡慕他,他会很有优越感。但是这种优越感并不是他自己创造出来的,而是来自他人,来自那个他偷来的奥特曼玩具。所以,小朋友B的行为所产生的一切让人内心极度膨胀的感觉,我们称之为虚荣感。这跟现在我们在新闻里看到的通过租豪车和名贵珠宝来炫富的年轻人是同样的性质。

最后,第四类,伪君子式的优越感。比如,一些暴走团的老人,他们无视交通规则,若无其事地在公路上或者机动车道上行走,认为自己是在做有意义的事情,实则是披着追求健康的外衣,掩盖以自我为中心和法不责众的真实意图。《乌合之众》里有这样一句话:"结群后,由于人多势众,个人会产生一种幻觉,感到自己力大无穷,不可战胜,好像没有什么事情是办不到的。"而一旦恢复到个人,他们又会有所收敛,做起事情来也会三思而后行。很显然,这种优越感非常虚伪,更多是一种伪君子的行为。

但无论如何,以上这些隐秘的优越感,并不是朝向对社会有用的趋利的一面,而是朝向对社会生活无用的一面,甚至可能会伤害他人。如果我们追求的是这些优越感,那么最后我们可能会陷入到自卑情结中而不知。我们追求优越以补偿自卑感的过程,应当是一个积极主动的、富有创造性的过程,更是一个自身成长的过程。

最后,我想引用日本哲学家岸见一郎和日本作家古贺史健所著的《被讨厌的勇气》这本书中提到的一段话送给大家：

> 所谓"追求优越性"是指自己不断朝前迈进，而不是比别人高出一等的意思。不与任何人竞争，只要自己不断前进即可。当然，也没有必要把自己和别人相比较。健全的自卑感不是来自与别人的比较，而是来自与"理想的自己"的比较。

因此，我们所说的超越，更多的是超越现在的自己，是"今天的我比昨天的自己更优秀了一些"。这种优越感是实实在在的，是可以让我们充满自信的，也是可以补偿我们的自卑感的。

优越感的多面性

我们每一个人都不同程度地拥有某种优越感,比如职业优越感、身高优越感。优越感并不是一个贬义词,对优越感的追求是大部分人补偿自卑感的方式,是支配个体行为的总目标。

然而,"追求优越"是有双重性的,不一定是朝向美好的一面,也有可能朝向破坏或者痛苦的方向。一个人可以通过努力,让自己成为焦点,但也可能通过出格的行为,同样达到"我是特别的"这种优越感目标。问题儿童、酗酒者、罪犯,他们的行为都是为了达到他们所认为的优越地位。

追求优越是一种动力,而追求完美是对现实中的自己的否定。完美是不存在的。也许我们只是用追求完美来作为对自己的一个定义:我是一个追求完美的人。这听上去是如此与众不同,似乎已经让我获得了一种虚幻的优越感。

第四章　生活风格

Chapter Four

生活风格是人格的核心

在本书的导言里,我把阿德勒个体心理学中的"生活风格"概念,解释为一种生活态度、价值观或者行为模式,大多数时候,我们都会遵循这个价值观或者行为模式去生活和建立关系。

阿德勒认为,由于每个人的生活目标不同、能力不同以及成长环境不同,因此追求优越的方式也各不相同。个体在追求优越的过程中所形成和发展出来的包含行为、习惯和性格等独特模式,被阿德勒称为"生活风格"(1ifestyle)。

事实上,在阿德勒的个体心理学中,"生活风格"这一概念经历了多次的发展演变。阿德勒最初于1912年在《神经症的性格》(*The Neurotic Constitution*)一书中提出"生活计划"(lifeproject)这一概念,认为个体的主观信念通过生活计划给予生活目标以某种指引。后来,他又用"引导意象"(guidedimage)、"生活路线"(lifeline)、"自我路线"(egoline)等概念表达与此相类似的意思。1929年,他在《生活的科学》(*The Science of Living*)一书中首次提出了"生活风格"概念以统一之前的各种不同概念。他指出:"我们已经知道,有生理缺陷的人在面对困难时产生的不安全感使他们遭受着自卑感或自卑情结的折磨。但是,人们不可能长期忍受这种情况,自卑感刺激他们有所行动,从而导致了一个目标的产生。长期以来,'个体心理学'把导向这一目标的持续一致的运动称作生活计划,但由于这一名称时常在学生中引起误解,所以,现在将它改为生活风格。"[①]

---

① 吴杰,王云强. 阿德勒生活风格学说的新近发展[J]. 南京晓庄学院学报,2014年01期。

著名个体心理学家伊娃·德雷克斯·弗格森（Eva Dreikurs Ferguson）在其《阿德勒理论导读》（*Adlerian Theory: An Introduction*）当中对生活风格做了更清晰的定义：生活风格是人格的核心，提供并代表一个人心理机能的统一性、独特性、连贯性和稳定性。[1]因此可以说，理解一个人的生活风格，大致就能掌握他的全部面貌。不同类型的人格，会外显为四种不同的生活风格。

阿德勒又进一步将四种生活风格划分为健康和不健康的两种类型。其中健康的类型是社会利益型，这使得个人与他人能够和谐相处，合作共赢，有利于社会目标的实现；而不健康的类型则为支配-统治型、索取型以及回避型，这些都不利于建立良好的人际关系，也不利于发展自己。

---

[1] 弗格森.阿德勒理论导读[M].李阳，译.北京：生活·读书·新知三联书店，2018.

支配-统治型（dominant-ruling type）

按照阿德勒的说法，持这种生活风格的个体缺乏社会兴趣和勇气，但同时他们追求优越的倾向特别强烈，不惜利用或者伤害别人以达到自己的目的，是极度的利己主义者，他们往往非常霸道和强势，具有较高的攻击性。另一方面，他们的内在极度自卑，需要通过支配他人或者统治他人来获得优越感，同时为了显示自己的强大，他们会通过各种方式来强迫、威胁甚至控制他人，虽然他不一定这样表达出来，但是他所表现出来的态度，已经促使身边的人只能按照他的想法去做了。因此，遵循这种生活风格的人具有强烈的支配和统治欲望。

这种风格的人，在孩童时期往往无视规则，以自我为中心，希望所有人都屈从于他，比如当父母不满足他的要求时，他就会不讲道理、不分场合地躺到地板上打滚和哭闹，想要以此来威胁父母达到自己的目的。长大成人后，他们渴望成为权威者，喜欢发号施令，忽视他人的意愿，常用的句式是"就按我说的去做""听我的安排""你应该……"，一旦他人不顺从，他们就会瞬间暴怒或者指责贬低他人，让周围的人感觉到很有压力。

当然，支配-统治型的人并不都是恶霸或者暴怒者，有的人会把这些强大的能量转向自己并进行自我攻击，比如违法、酗酒、吸毒或者自杀。他们攻击的是一个无能的自己，认为通过这些方式可以对无能的自己进行支配和统治，从而获得一种优越体验，比如自杀可以支配自己的生与死；再比如酗酒和吸毒，可以让人达到一种幻想状态，这可能是在现实中无法得到的一种美好体验。但这些都是自我毁灭的行为，非常不可取。

那为什么有的人会采用这种方式来自我攻击呢？主要原因是有很多抱有支配-统治型生活风格的人，在成长过程中受到同类生活风格的人的影响。也就是说，如果父母是支配-统治型的人，那么孩子大概率也会成为支配-统治型的人。在这样的环境下成长时,有些支配-统治型的人的攻击性是没有办法向外释放的,因为一旦向外释放,养育者就会进行打压,甚至会对他们进行极大的惩罚和恐吓。这种情况有点类似于"一山不容二虎",为了能够更好地生存,他们就会把无法释放的攻击性转向自己。但是一旦他们离开了养育者,他们就会以同样的支配-统治方式去对待别人。

从精神分析的角度来讲,支配-统治型风格的人内在有一种防御机制,就是"认同攻击者",意思是当我们被攻击的同时,我们会感受到一种与攻击者的联结,虽然被攻击之后我们会觉得很痛苦,但也会认同攻击者的行为,成为跟攻击者同样的人。比如学校里的霸凌者,很多就是认同了自己的父母或其他成年人,让自己成为像他们一样的人。还有很多在社会上使用暴力的人,包括网络暴力,或许曾经是暴力的受害者。

索取型（getting type）

索取型生活风格的人比较依赖他人，遇到问题的第一个反应不是自己想办法解决，而是等着他人来帮自己处理。自我照顾的能力非常弱，而且害怕分离，总是渴望能够得到身边人的帮助，同时独立谋生的能力也比较弱。

这种风格的人更多是在溺爱或者过度满足的家庭环境中成长起来的，他们从小被照顾得很好，父母也尽量满足他们的一切要求，以至于他们不用努力就能很容易得到自己想要的东西，而这样的经历会给他们造成一种错觉：我不用付出，一样能得到回报。等他们走向社会后，大概率还是会延用这样的方式去向别人索取，因为在他们看来，别人对自己好都是应该的。在索取的过程中，这类型的人受挫能力比较差，从而也导致了他们比较敏感，对自己缺乏信心。

还有另外一种情况，有一些人在成长的过程中比较缺爱，或者在被爱这件事上比较缺乏安全感，那么长大之后内心好像有填不满的洞，因此他们的索取感也会特别明显。当你不满足他们的时候，他们会"一哭二闹三上吊"，或者当他们主动展现自己的脆弱无助时，必须马上得到你的回应，同时因为自己的内心没有足够的力量，所以在遇到困难和冲突的时候，往往会无意识地把别人当成解决问题的工具，希望借助别人去对抗自己内心害怕的冲突。

回避型（avoiding type）

这类风格的人能量比较低，严重缺乏解决问题的信心，遇到问题只想逃避，缺乏直面困难的勇气和魄力，但常常为此感到自责和懊恼。他们似乎更倾向于一个人的生活，不想去面对生活中可能会发生的任何挑战，即使是在亲密关系中，他们也宁愿委曲求全以避免冲突。比起进入真实的世界，他们更愿意活在自己幻想的世界里，因为在这里，他们可以幻想自己是一个非常厉害的人，能够游刃有余地处理各式各样的问题，这比现实中的生活更能让他们感受到自己的优越。但是需要注意的一点是，长久的回避会让人缺乏生命力，甚至会出现退行的行为。

所谓退行，简单理解就是不负责任，对自我不负责，对社会和他人也不负责，并且极度依赖他人，事事都需要被照顾，仿佛退回到了婴儿的状态。处于退行状态的人，无法跟他人建立合作关系，觉得自己是没有任何价值的；同时，这类型的人社会功能是受损的，比如他们不会去挣钱养活自己，不擅于交朋友，对于婚恋更不感兴趣，反而希望自己一个人待着。

社会利益型（social useful type）

这是阿德勒认为最健康的一种生活风格，有着亲社会行为，也叫积极的社会行为，指的是人们表现出来的对社会和他人有益的行为,比如同情、关心、谦让、互助和共享等等。这类风格的人大多在互相尊重、彼此支持的家庭环境中成长起来,他们关心家人、朋友和社会,具有较高的社会兴趣,能够与他人建立良好的合作关系,能够积极面对并很好地解决生活中的问题,尊重他人,也尊重自己。他们具有为自我负责的能力,遇事不逃避、不抱怨,而是会寻求更好的解决之道,从而达到一种共赢的状态,并且愿意为他人的幸福以及建立一个更好的社会而努力。

在阿德勒看来,一个心理健康的人不仅会为个人的优越而奋斗,还会重视对建立美好社会的贡献,在为社会服务的过程中获得价值感和归属感。因此,在上述的四种生活风格中,阿德勒认为只有第四种生活风格(即社会利益型)才是符合社会需求的,是正确和健康的,前三种都是适应不良的生活风格,并不利于发展更好的自己。

在这里,我跟大家分享一个故事。我有一位来访者，我们暂且称她为"张女士"，张女士目前在一所大学里担任教授，她拥有博士学位和国外学习的经历，是一位特别优秀的女性。但是最近张女士工作不是很顺心，原因是她跟国内一位顶尖的行业教授正在合作一个项目，但是这位教授对她非常严苛，经常批评她什么都做不好，甚至会用一些威胁性方式来对待她，比如如果不按照他的方式来，那就不一起合作项目了。这种盛气凌人的态度让张女士觉得特别不舒服，但是她害怕一旦去跟对方对质了，可能会发生更大的冲突，所以她选择了默默承受。

但这也让她感到特别郁闷，一度非常怀疑自己的能力，特别是当学生们夸赞她的授课能力时，她没办法坦然接受，甚至怀疑自己的授课内容是否真的对学生们有用。而且在咨询的过程中，对于我给她的一些正向反馈，她更多觉得是一种安慰和欺骗。

这样的咨询过程是非常辛苦的，因为来访者并不信任自己的咨询师。而且从这个过程中，我们大致能辨别出，张女士的生活风格为"回避型"，而她的合作伙伴更倾向于"支配-统治型"的生活风格。

那么张女士的"回避型"生活风格是怎么形成的呢？原因很简单，张女士是在一个重男轻女的家庭中长大的，她排行最小，前面有两位姐姐，因为她不是父母期待已久的男孩，所以父母对待她的方式并不是特别温暖。因此，当她不知道该如何跟情感冷漠的父母相处时，她只能选择通过不断学习来找到自己人生的存在感，这使得她在学业和职业上取得很大的成就。但是，幼年的经历也导致了她对自己极度不自信，缺乏面对冲突的魄力，以至于在人际关系中常用的一种方式就是回避。她会在自己的想象中去跟合作伙伴对质和辩论，但却不敢面对面跟人表达自己的意见，最终使得自己在工作中特别内耗。

后来，在经过多次咨询之后，张女士逐渐理解了自己，并开始尝试主动去发展自己的人际关系，比如她不再去迎合自己的合作伙伴，而是拿出自己的态度，为自己的事业去寻找合作，而非被人支配或者支配他人，并且勇敢地表达自己的想法和感受，这反而让她的合作伙伴感到很惊讶，从而给予了她更多的尊重。这就是一个典型的合作状态。

生活风格的形成与特性

前面我们了解了四种不同类型的生活风格,那么接下来我们来探讨一下,个体的生活风格是在什么时候形成的,以及具有哪些特性?

在这个问题上,阿德勒强调个体的生活风格于四岁至五岁时就已经在家庭环境中形成,并且会长期影响个体日后的人格发展,也就是说,个体的生活风格一旦形成就不易改变。中国有句老话叫"三岁看大,七岁看老",也就意味着一个人的生活风格是具有连贯性的,并且会相对稳定。那我们是否可以认为个体的生活风格会一直固定不变?也不是,因为个体的人格发展非常复杂,可能会受到许多变量的影响,在一些特殊的情况下，个体的生活风格是会随着个体的生活经历进行调整的，比如经历天灾人祸，或者个体主动进行新的选择。

有的孩子，原先父母在世的时候，他是一个需要被照顾的人，也不会考虑到别人的感受，很多事情都是父母代他做的。这样久而久之，孩子就会变成一个索取型的人，以自我为中心，一切为我所用。但是一次意外让他的父母忽然之间去世了，他就可能会发生极大的变化，比如一夜之间长大了，懂事了，学会了自我照顾，并且能够跟他人进行合作。但也有一些人可能还是维持原先的生活风格。所以，有些人是会长大的，但有些人则是永远长不大。

另一方面，生活风格也会因人格差异而有所区别。简单来说，不同的个体有着不同的人格，因此也会有着不同的生活风格。这是生活风格中的独特性。

从人格的层面来讲，有一些人的人格是不稳定的。如果人格不稳定，那生活风格肯定也是不稳定的。比如边缘性人格，其特征为情绪、人际关系、自我形象、行为等具有不稳定性，容易冲动、愤怒和抑郁，表现出极端的变化无常，很少顾及他人的感受；在行为上经常会有自伤或者自虐的表现，有潜在的自我毁灭可能性，例如酗酒、吸毒、性放纵、药物滥用等。很显然，边缘性人格具有矛盾性，其生活风格可能是支配-统治型和索取型同时存在。

对于个体的生活风格，除了需要了解它的稳定性、连贯性和独特性之外，我们还需要以统一的眼光去评估一个人的生活风格。

我们不能只看个体的单个表现，就武断地认为对方是某一种生活风格，而是应该从个体的多个表现中去完整地了解他。比如我们所说的"对人说人话，对鬼说鬼话"，这只是个体在不同的关系中有不同的沟通方式，并不代表个体身上有多种生活风格的混合。再比如，相对来讲，我比较大胆，然而当遇到一些事情时，我也会害怕，比如我害怕待在类似地下室这种类型的封闭空间里，但不能因此就认为我不是一个勇敢的人。

有一位女性销售经理跟我讨论大五人格的测评结果，她告诉我，在大五人格测评中，她的开放性、外倾性、宜人性和神经质性都是比较正常的得分，但是她的责任性得分比较低。她的困惑在于，她觉得自己的责任感比较强，领导交代的工作她能按时完成，跟别人约会也从来不迟到，对家人也是尽心尽力，所以她不明白为什么自己的责任性反而是得分最低的。

我们所说的大五人格测试是一种基于人格心理学的测量方法，也被称为人格五因素模型。它包括五个维度:外倾性、责任性、开放性、宜人性和神经质性。通过回答一系列问题，个体的人格特征将会被评估出来。在这里，我们就不把完整的大五人格测试展现出来了，只简单地跟大家介绍一下人格理论中的五个维度都有哪些特质：

> 外倾性（extraversion）：表现出热情、爱社交、果断、活跃、喜欢冒险、乐观等

特质。

责任性（conscientiousness）：表现出胜任、公正、有条理、尽职、成就导向、自律、谨慎、克制等特点。

开放性（openness）：具有想象力丰富、审美品味高、情感丰富、求异、创造、智慧等特质。

宜人性（agreeableness）：具有信任、利他、直率、依从、谦虚、移情等特质。

神经质性（neuroticism）：难以平衡焦虑、敌对、压抑、自我意识、冲动、脆弱等情绪的特质，即不具有保持情绪稳定的能力。[1]

只有将大五人格的测评中五个维度统一起来完整地

---

[1] 彭聃龄.普通心理学[M].北京：北京师范大学出版社，2012.

去看，才是一个人的生活风格。

为什么女销售经理的责任性维度得分最低呢？原因很简单，可能在这个负责任的过程中，她承担了太多原本不属于她应该负责的事情，所以在她的内心中，尽责是带有委屈感和消耗感的。一个过度负责的人，内在恰恰有不负责的强烈愿望，就像一个每天被迫忙碌的人，他的内在一定有想要好好休息的渴望。因此，女销售经理看似很尽责，或者说她在用尽责来获得优越感，但实际上，她内心有一种渴望，即渴望他人能够为我负责。

当然，有些人的生活风格本身就是矛盾型的，就像有的人在外面是"老好人"，但是回到家里就是暴君，那么这种矛盾就是他的生活风格。

小P是我的一位来访者，她来找我咨询的原因是她已经第三次失恋了，她觉得自己的恋爱模式有一些问题。在小P的恋爱中，经常会出现这样一个场景：当男朋友在忙别的事情，没有及时接到小P的电话时，她便开始胡思乱想："他是不是不要我了，他是不是喜欢上别人了……"在没有得到男友的回应前，小P会陷入特别恐慌的状态中，她必须要男友在第一时间证明他是爱她的，没有背叛她，不会离开她。而小P对男友的这种依赖，让对方觉得很有压力，产生一种不舒服的感觉，久而久之也就选择分手了。小P三段感情破裂的原因，基本上都是这样的。

  从这里面我们可以看到，小P非常缺乏安全感，而她的生活风格也是比较矛盾的，既有支配-统治型，也有索取型。缺爱或者没有安全感的人，他们的内心是非常想去索爱的，就像小P一样，当男友没有及时回应她时，她会要求男友证明对自己的爱，似乎只有这样才能让她感到有安全感。另一方面，缺爱的人，一旦遇到一个爱她的人，就会将她的权力运用到极致。也就是说，缺爱的人认为爱是一种权力，你爱我，那我就对你拥有某种权力，我可以要求你为我做任何事情，如果你不听从我或者不满足我，那你就是不爱我了。

影响生活风格发展的因素

为什么个体的生活风格会呈现出多种类型？阿德勒个体心理学指出了三种会影响个体生活风格发展的因素，即生理缺陷、父母的养育方式、出生次序。

首先，生理缺陷会使我们产生生理上的自卑感，而生活风格的发展和自卑感有密切的关系。若一个儿童有某种生理缺陷或主观上的自卑感，那他的生活风格将倾向于针对这种缺陷和自卑感进行补偿或者过度补偿。例如，身体瘦弱的儿童可能会有增强体质的强烈愿望，因而去锻炼身体，那么这些愿望和行为便成为他生活风格的一部分。

其次，父母的养育方式也会影响个体生活风格的形成。比如，当父母溺爱或者过度满足孩子时，孩子就可能会形成索取型的生活风格，大部分时候以自我为中心，不在意他人的感受，遇到困难就发脾气，不愿意遵守规则，同时很容易引发人际关系冲突，常常觉得周遭没有满足自己要求的人都是坏人，以至于没办法跟别人进行友好的合作。很多溺爱孩子的父母是支配-统治型的生活风格，因为在溺爱中一定有支配，有控制，类似于"我在满足你一切要求的同时，你要听话"。

如果在家庭中，孩子经常被父母或者主要抚养者忽视的话，那么被忽视的孩子往往自我价值感会很低，总是压抑自己的需求和感受去讨好别人，害怕成为他人的负担和累赘，最后形成的是一种回避型的生活风格或者索取型的生活风格，经常以牺牲自己去满足别人或者不断地通过各种方式去索取被爱的感觉。另一方面，被忽视的孩子很在意别人的评价，他可能会因为某个评价而去改变自己，对自己缺少接纳，特别害怕别人离开或者不理会自己。

特别是在独生子女家庭中，孩子承受的压力会更多。虽然集万千宠爱在一身，但同时也要承担很多，这种压力如果没有被看到的话，那么孩子就会变得很脆弱，没有担当，也没有魄力，以至于最终形成回避的状态。这种回避一方面是回避一些困难，另一方面是回避人际关系，无法跟人建立长期信任的关系，同时产生一种极强的自怜感。而被忽视的孩子，其父母大多也是回避型的生活风格，只在自己的世界里，看不见其他人。

除此之外，如果一个儿童把他的母亲或父亲当作强者来模仿，那他就会形成与其母亲或父亲类似的生活风格，这是对父母的一种忠诚或者深度认同。

第三方面，在家庭中以不同次序出生的孩子，他们的生活风格也是不同的。阿德勒是第一位强调"出生顺序"在人格形成中的作用的心理学家，提出了个体由于出生先后顺序不同，在家庭中的地位也不同，从而会形成不同的生活风格。中国有一句老话叫"老大憨，老二精，家里有个坏老三"，便是对阿德勒的出生次序理论做了一个非常好的总结。在《阿德勒理论导读》中，心理学家弗格森对阿德勒的"家庭星座"有更详细的说明：

> 阿德勒认为，在许多家庭中，第一个出生的孩子都想努力对弟弟妹妹进行支配、控制并发号施令，他们会认为第二个孩子的出生是对自己地位的威胁（即"废黜心态"）；而最小的孩子则会努力靠卖萌来找到一个位置，有时候会极具野心，想努力取代哥哥姐姐的成就；处于中间的孩子容易感到压力很大，他们会形成一种世界观，即人生是不公平的，但他们往往是最好的调解者。①

---

① 弗格森.阿德勒理论导读[M].李阳，译.北京：生活·读书·新知三联书店，2018.

这与弗洛伊德认为只有母子关系和父子关系对孩子的人格发展有重要影响的观点不同，阿德勒承认，在任何一个家庭，个体因素以及年龄段可能更具影响力，但是他仍然坚信，兄弟姊妹之间的人际关系同样会产生巨大的影响。

这在中国的家庭中尤其如此。在我的个案研究中，我发现在家里排行老大的孩子，往往会有一个特点，那就是他认为自己需要去为原生家庭做出更多更大的贡献，为原生家庭负责的程度也会更高，并且要照顾弟弟妹妹。特别在我们很小的时候，父母经常要求我们，当老大的应该让着弟弟妹妹，应该照顾他们，甚至有的时候会要求老大直接替代父母的功能。

我的母亲就是这样的。因为我外婆身体不好，外公一直在外地很少回家，所以作为长女，我母亲14岁的时候就带着自己的弟弟妹妹一起生活，特别是要照顾刚出生不久的妹妹，这其实就已经是在履行一位母亲的责任了，而这份童年的经历也在深深地影响着她的人生，以至于她在人际关系中更容易妥协、包容、照顾别人，如果受到了一些不公平的对待，她也不会特别计较，只是内心会有很多委屈。遇到亲戚来借钱，她会二话不说就借给别人，如果别人不还，她也不好意思去问别人要，然后变成了一个别人眼里特别大方的人。但实际上，这种大方是牺牲自己的利益，去满足或者照顾他人的需求的。在这个过程中，她完全忽略了自己，似乎她的自我价值只来源于被他人需要。

我之前发表过一篇阅读量非常高的文章，叫《缺席的父亲+焦虑的母亲=100%情绪失控的孩子》，为什么我取了这样一个标题？因为在家庭中，父亲的缺位会导致孩子变成一个小大人去照顾自己的妈妈，代替爸爸成为妈妈的丈夫，所以孩子会极早地呈现出一个小大人的状态，也就是我们所说的早熟。

但这同时会让孩子有特别大的冲突感。孩子填补了父亲缺席的位置，也就意味着他的身上肩负了两种身份，一是孩子本身，二是缺位的父亲。而当他没有能力很好地处理这两种身份的时候，他会觉得自己特别糟糕，非常地无能为力。这最终会使得他内心一直处在一种非常强大的冲突中，过度担责正是他应对这种冲突的方式。长大之后，在关系中，每当对方有情绪，他就会特别焦虑，很想去做一些什么来安抚对方，如果不这样做的话，他就会担心对方是否会离开他，是否会觉得他没有用。很显然，他是被恐惧驱使去这样做的，同时内心中对对方有很多怨恨，但是他不会去表达出来，因此形成了回避型生活风格。

当然，家庭氛围也会影响个体生活风格的形成。在充满争吵和负面能量的家庭氛围中成长的孩子，更容易发展成为焦虑、退缩的人格类型，表现出敌对和攻击行为。

如果我们经常出现一种"适应不良"的行为，觉得似乎处处都有困难，很少发现美好，这时候我们就要看看，是不是自己的生活风格跟这个世界的规律产生了极大的冲突，以及我们应该如何去选择或者发展"社会利益型"的生活风格。

总的来讲,阿德勒强调家庭环境在人格发展中的重要性,但是他坚持起决定作用的仍然是我们如何去诠释和看待这份人生经历,即"创造性自我",这是阿德勒的另一个概念,我们会在后面的章节进一步讨论。

生活风格与养育关系

自卑感刺激人们有所行动,从而导致了一个目标的产生。个体心理学把导向这一目标的持续一致的运动称为生活风格,它是一个人人格的核心。

个体的生活风格于四岁至五岁时就已经在家庭环境中形成,一旦形成就不易改变,具有连贯性和稳定性。

生理缺陷、养育方式、出生次序会影响一个人生活风格的发展。比如很多溺爱孩子的父母是支配-统治型的生活风格，因为在溺爱中一定有支配，有控制，类似于"我在满足你一切要求的同时，你要听话"。这样的孩子容易形成索取型的生活风格，或者把父母当作强者来模仿，形成支配-统治型的生活风格。

缺席的父亲、焦虑的母亲则容易让孩子形成回避型生活风格。孩子填补了父亲缺席的位置，同时肩负着父亲、孩子两种角色，这让他内心有强烈的冲突感，表现在行为上就是像小大人一样过分担责，但这种对大人的照顾是受到害怕被遗弃的恐惧所驱使的，内心中对父母有很多怨恨，但不会表达出来，因此形成了回避型生活风格。

如何看待你的生活风格

从目标的导向来看,我认为生活风格可以分为两类,有一些人的生活风格是服务于生活目标的,但有一些人的生活风格更多是一种生存策略。前者是由成就体验驱动的,比如想要成为一个什么样的人;而后者更多是被恐惧驱动,目的是为了生存,特别是对于有比较严重童年创伤的人来说,生存就是他们一个很重要的生活目标。

从美国社会心理学家亚伯拉罕·马斯洛(Abraham Maslow,1908—1970)的需求层次理论来讲,人类最底层的需求是生理需求,比如获得食物和空气;第二层级的需求是安全需求,比如拥有安全和稳定的环境;第三层级的需求是对归属感和爱的需要,比如我们会社交和追求爱情;第四层级的需求就是尊重的需要,自我尊重和他人尊重;最后,最高的第五层级需求是自我实现的需要,人类追求实现自己的潜能,并使之完善。但因为每个人所追求的需要都是不一样的,所以,每个人的生活风格以及人生状态也会不同。

我们经常听到一句话,叫"求生存,谋发展"。只有解决了生存问题,我们才能有一个好的发展。比如,有一些人必须要让自己处在一个非常弱的位置,他才能生存。

我在第一章曾提到过一个来访者,他十几年如一日地去调理他自己的关节,经常去医院找各式各样的医生看,但是他并没有特别严重的器质性疾病,在跟我的咨询中,他每次过来的第一句话就是,他又去看了某个医生,因为他哪里不舒服。我在那一章介绍目的论时提到过精神动力学的一个词,叫"疾病获益"。意思是,只有在生病的时候,我们才能够得到更多的关注,或者说只有在生病的时候，我们才可以去拒绝一些人对自己的要求。

什么样的人会用这种方式来达到目的或者得到好处呢？很显然，当一个人在自己的生存环境中经常被忽视，那么他就可能会用疾病的方式来吸引关注。特别是如果在某次生病的时候，他得到了一些好处，这种被验证的经验就会变成一个持续的状态。这样的人，他在生活或者工作中必须要非常尽责，以此来获得自己在生存环境中的存在位置，比如他要不断地给家庭做出贡献，不断地履行家里长辈的责任或者承担家庭开支，又或者在职场上总是牺牲自己的利益和时间去帮助他人。这样的生活风格，虽然表面上看起来是社会利益型的，但本质上是回避型的，即不敢直面问题，没有力量去应对自己生命中的课题，只能通过生病来逃避责任或者回避人际冲突。

疾病获益也分初级获益和次级获益。初级获益指的是我们的某些病状是为了解决自身心理冲突和矛盾而出现的。比如，有一些事情我不愿意去面对，如果面对的话，我的压力就会很大，而且会感觉到自己的无能，得不到任何的优越感，这时候，生病就给我们提供了一个应对方案。而次级获益就是生病后，我们可以从外界获得同情、关心、安慰和照顾，原先别人只会对你不断地提要求，但是你生病时，他们都会关心你、关注你，哪怕这个时候你什么都不做，也不会受到他人的指责，同时还能维持自己价值提供者或者贡献者的角色。

当然，疾病获益是无意识的行为，并不是说我们有意让自己生病。曾经我问过我的来访者这样一个问题，我说："你身体好的时候做这些事情，和身体不好的时候做这些事情，哪一个更能感动你？"他说："当然是我带病坚持做事情更感动。"

从这里我们可以看到，这是他在家庭生活中的一个生存策略，他能够从中得到一种优越感，最起码在道德层面上是有优越感，认为自己是一个非常尽责、牺牲自己且不断为他人付出的人。如果他带病去做出一些付出型的行为，就是"我生病了还在付出"，那这种优越感就更强了，像是一个悲壮的英雄。

所以，当他想要停下来休息时，他就会担心自己变成一个不负责任的人，优越感就丧失了，这对他来说是一件非常可怕的事情。或者，如果他停下来，他认为自己就有可能会被惩罚、被羞辱、被忽视、被否定甚至被抛弃。至于他的生活目标，想要成为一个什么样的人，他并不清楚。

这样的人往往无法享受。因为对他来讲，享受是特别恐惧的，是羞耻的，是会被人责骂的，所以当他看到别人没有像他一样付出时，就会不自觉地愤怒。比如一位常年操劳家务的妻子看到自己的孩子或者丈夫躺在沙发上看电视，什么都不做的时候，她可能会特别地愤怒，甚至会有很多指责性的语言。

总而言之，如果从人类趋利避害的本能来说，生活风格大体上只有两类，一类是趋利，另一类避害。社会利益型的人一定是趋利的，觉得这个世界很美好，很想去和这个世界产生连接；而支配-统治型、索取型、回避型以及矛盾型生活风格的人，一定是避害的，底层人格是悲观主义的，很难跟他人达成一种合作的状态。

第五章　社会兴趣

Chapter Five

社会兴趣是人类的本性

在前面几章中，我们有简单提及阿德勒的"社会兴趣"概念，在本章中，我们将具体展开。有的人认为，在阿德勒的早期心理学理论中，他把人基本上看成是自私自利的、只顾追求个人优越的个体。对此，阿德勒不断完善他的人格理论，提出了"社会兴趣"这一概念。

阿德勒的个体心理学对人本主义和存在主义等流派产生了很多积极的影响。在人本主义心理学提出者亚伯拉罕·马斯洛的"需求层次理论"中，最高层次的需求是自我实现的需要，实际上，这就是阿德勒所说的"社会兴趣"。

一个极具社会兴趣的人，在克服自卑和追求个人卓越的同时,也在成就世界,努力让这个世界和社会变得更加美好。阿德勒认为,社会兴趣是人类本性的一部分,因为人是社会性动物,人在其生命过程中需要完成学业、职业、交友、结婚、养育子女等社会任务。要完成这些任务,人们之间必须相互协作。所以,他认为在人的本性中天生就具有社会兴趣的潜能,它包括团结协作的精神、助人为乐的品质、服务社会的意识、和谐相处的愿望等。

每个人都具有社会兴趣的倾向,但有些人社会兴趣比较高,而有些人社会兴趣则会比较低。比如我们常说的精致的利己主义者,便是缺乏社会兴趣的一类人。他们所做的一切都是为了追求自己的优越,或者为了克服自己的自卑,而对于社会如何发展,他们并不关心。这类型的人,哪怕是跟他人合作去建设这个社会,也更多是为了体现自己的优越感。再比如,有些孩子在大学之前是一个很优秀的学霸,但是上了大学以后,反而出现了社会适应不良的情况,没办法发展自己的社交圈,或者对社交毫无兴趣，对群体的事情也不关心、不参与，同时对网络成瘾。很显然，这也是一种缺乏社会兴趣的表现。而当我们缺乏社会兴趣，也就意味着我们没有意愿去跟团队合作，也没有助人为乐的品质。

在前面一章中，我们把个体追求优越的方式划分为四种不同类型的生活风格，即支配-统治型、索取型、回避型、社会利益型。支配-统治型的人倾向于支配和控制他人，希望所有的人都能屈服于他，不在乎他人的感受，比如我们前面说的利己主义者，可见这类人的社会兴趣倾向是不高的；而索取型的人，他们习惯于依赖他人，总有一种想要不劳而获的愿望，无法很好地跟他人合作完成一件事情，因此他们也缺乏社会兴趣；回避型的人，不善于与人交往，遇到问题总是习惯性逃避，只想活在自己想象的世界里，这类人的社会兴趣也处在一个较低的水平；只有社会利益型的人具有比较高的社会兴趣，他们自主解决问题的能力非常强，能够很好地与他人进行合作，愿意为建设社会的美好而努力，比如遵纪守法，愿意参与到社会的志愿者活动中。

　　因此，生活风格不同的人，他们的社会兴趣程度是不一样的。如果从个体所具有的社会兴趣的程度来看，只有社会利益型的人才具有相对高的并且比较健康的社会兴趣，也更有可能实现充实而有意义的生活。

什么样的人会缺乏社会兴趣

阿德勒强调社会兴趣根植于每个人的潜能中,是在社会情境中发展起来的,特别是早期的母婴关系会在很大程度上影响儿童能否形成成熟的社会兴趣。

阿德勒在《自卑与超越》一书中说:"儿童所面临的第一个社会情境是他与母亲的关系,这从第一天就开始了。儿童最初是通过母亲和外在世界发生连接的。如果母亲和孩子之间的合作关系建立不好,那么孩子其他一切的生活都将无法正常开展。"

因此,社会兴趣的发展,首先源于我们婴儿时期与母亲建立的关系。可以这样说,母亲对待婴儿的方式,影响了婴儿成年后对待这个世界的方式。婴儿出生后接触的第一个社会人是母亲,如果母亲采取的是一种积极、合作的态度,那么孩子就容易形成较高水平的社会兴趣。相反,如果母亲把孩子紧紧地束缚在自己身边,那么孩子就容易将他人排斥在自己的生活之外,形成较低水平的社会兴趣。

很多时候我们会发现,被溺爱的孩子只是跟自己的母亲或者重要的养育者建立单一的连接,而当他想要发展外面的世界时,母亲或者养育者可能因为自己内心觉得外面是危险的,于是就会牢牢地把孩子控制在自己的身边,孩子经常会有以下体验:

> 孩子:"妈妈,我想出去玩沙子。"
>
> 妈妈:"宝贝,我们不出去,外面的沙子很脏,有很多细菌,会让你生病的。"
>
> 孩子:"妈妈,我想去跟朋友踢球。"
>
> 妈妈:"那不行,太危险了,会伤到你的,但是你可以去弹钢琴。"

> 孩子:"妈妈,下课后,我想跟同学去逛街。"
>
> 妈妈:"乖,下课后回家,妈妈做了你最爱吃的糖醋排骨。"

从精神动力学的角度来看,这样的亲子互动模式不利于孩子顺利完成分离个体化,同时孩子的社会化能力也会比较低,无法很好地发展自我。美国作家沃勒斯·华莱士在《父母手记:教育好孩子的101种方法》(*A Collection of Parenting Wisdom*)这本书里,曾经提过这么一个例子:

> 有位妈妈因为被孩子伤透了心,所以不得不向心理专家寻求帮助。专家问她:"孩子第一次绑鞋带绑了个死结,从此以后,你是不是再也不给他买有鞋带的鞋子了?"
>
> 那位妈妈点了点头。

专家又问:"孩子第一次洗碗的时候,打碎了一只碗,你是不是从此不再让他走近洗碗池了?"

那位妈妈又点了点头。

专家再问:"孩子第一次整理床铺用了两个小时,你嫌他笨手笨脚了,对吧?"

那位妈妈再次点了点头。

专家说:"孩子大学毕业后去找工作,你是不是又动用了自己的关系和权力,帮他谋得了一个令人羡慕的职位?"

那位妈妈震惊地站了起来,她很好奇专家是怎么知道的。

专家说:"从那根鞋带,我就知道了。你所困惑的问题的解决方法就是,当孩子生病的时候,你最好带他去医院;当孩子结婚的时候,你最好给他准备婚房;当孩子没钱的时候,你最好给他送钱。这是你今后最好的选择，别的我也无能为力"。①

很明显，这是一位十分宠溺孩子的妈妈。妈妈事事都替孩子包办了，小到替孩子系鞋带、穿衣喂饭，大到替孩子选工作，甚至替孩子选对象，根本不需要孩子付出任何的努力。可能妈妈觉得这是爱，是保护，但是对于孩子来说，他所有的成长体验都被妈妈剥夺了，所有的社会兴趣都被妈妈替代了，他无法看见除妈妈以外的世界，他有很多的无奈和愤怒。

因此，这样的溺爱是一种淹没，而当一个人体验到一种被淹没的感觉时，就会本能地挣扎。孩子会时刻有一种想要挣脱开妈妈的渴望，想要去看看外面的世界，而孩子所采取的挣脱方式往往是暴力的，暴力地扯断，暴力地推开，暴力地不合作，比如大哭大闹，一点就怒，或者严重拖延，等等。被淹没，也就意味着没有自

---

① 华莱士.父母手记：教育好孩子的101种方法[M].楚湘玥，译.北京：中国工人出版社，2004.

由和自主，所以当孩子没有被妈妈看见时，他只能通过这些方式去反抗。当然，这个反抗的过程必定会让妈妈觉得自己被孩子背叛了，因此伤透了心。

事实上，溺爱并不是真正的爱。溺爱型的父母无法看到一个孩子在成长的过程中正常的需要，更多时候是以自己脑海里的想象去满足孩子。另一方面，有些被溺爱的孩子容易出现犯罪行为，因为他们长期被父母的喂养行为滋养，以至于他们非常渴望打破规则，但是一旦受挫，又会让他们感觉到很沮丧，甚至会怪罪周遭的一切为什么不围绕着自己转。这样的孩子，他的生活风格更多是索取型的，对社会的兴趣也不高。

之前网上有一则新闻，说的是一名30多岁的印度男子，长期不去工作，总是赖在家里。每天就是吃饱了睡，睡醒了吃，最多玩玩游戏，从不会做家务，只会躺在床上等着母亲去照顾他。后来的某天，母亲实在受不了，选择离家出走，希望能让儿子自己独立起来。但一个月后，她却发现自己的儿子饿死了。

因为长期被照顾，男子已经习惯了母亲的付出，习惯了自己什么都不做就可以得到一切生活所需，可没想到当他失去母亲的照料后，连让自己活着都成为了难题。

除了被溺爱的孩子之外，被忽视的孩子，他们的社会兴趣水平也是比较低的。这类孩子可能是在幼年时受到了很严重的忽视，而当一个人被忽视甚至被忽略了以后，内在会有一种强烈的需求，即跟重要的人建立非常深刻的联结，在这个过程中，他就会去迎合或者讨好重要的养育者，以此来得到养育者的肯定和接纳。如果一个人生活中的绝大部分内容，是为了跟某一个重要的养育者建立这样的联结，那么他对外部的世界就不会太感兴趣了。

这种状态延伸到成年后，可能会有一些表现，比如特别害怕跟领导谈话，不敢拒绝同事的请求，总是担心伴侣是否在意自己，等等。当然，被忽略的孩子往往内心是充满恐惧的，也会有一种强烈的自卑感，所以他很难去跟他人合作，以至于他无法在一个群体中获得归属感。

因此，溺爱和忽视是影响孩子社会兴趣发展的两个重要原因。而在对孩子溺爱和忽视的家庭中，往往会有一个过度自恋的养育者。所谓过度自恋，就是只满足自己追求的优越感，比如道德的优越感或者责任的优越感，又或者通过孩子来获得自己作为父母的优越感。

有一些父母对自己的孩子期待非常高，这可能是因为他们内心里并没有看到一个真实的孩子，而是希望自己的孩子能够成为他们理想中的孩子。一旦有了这种愿望，不管是有意或无意，我们都可以称之为过度自恋的父母。

自恋型的父母往往是缺乏社会兴趣的。他们更多在追求自己内在的优越，至于这个孩子真实的样子，他们是看不见的。在这样的父母影响下，孩子更多是被控制了，无法发展家庭以外的社会兴趣。

在中国的家庭教育中，我们经常遇到这样一种情况。一个三四岁的孩子跟妈妈一起出去，因为妈妈想要表现自己的家教非常好，所以要求孩子跟所有人打招呼，但是孩子不熟悉对方，于是并没有一个强烈的愿望想跟对方产生连接，这个时候可能妈妈还在催促孩子打招呼，甚至指责孩子不懂礼貌。孩子被迫跟对方建立连接，但实际上这不是他的主观愿意，而且在这个过程中，他并不享受，没有一种愉悦的体验。如果长期这样发展，孩子会认为跟别人建立连接是一件不舒服的事情，那么为了避免这种不舒服感，他就会选择回避社交，于是久而久之，他的社会兴趣就会被剥夺或者弱化。

造成社会兴趣偏低的第三种原因是出生时存在一些生理的缺陷，比如说身体羸弱、身材矮小、患有口吃等等，那么在这种情况下，我们可能需要花更多的时间和努力去适应这个社会，于是我们发展社会兴趣的时间就会变得很有限，甚至有的人不再去发展自己的社会兴趣，似乎对工作和人际交往都抱有一种敷衍了事的态度，以至于有时候会去指责和抱怨他人，认为他人应该为自己现在的状况负责，因此形成的生活风格多为索取型或者回避型。

最后，因为在家庭中出生次序的不同，所以我们的生活目标往往也是不同的，而生活目标会影响社会兴趣的发展方向。比如有些人把自己的生活目标调整为如何得到别人的认同和肯定，特别是在重男轻女的家庭中，有性别自卑的女孩子会投入更多的时间和精力在原生家庭里，从而让父母承认她们的存在，以此来获得自己的价值感，相应地，她们的社会兴趣水平就会比较低。同时，对于原生家庭的这种深度认同，大概率会延续到他们的婚恋关系中，从而产生巨大的影响。

因此，我们可以得出结论，影响社会兴趣发展的原因有家庭中的养育方式，比如溺爱或者忽视，同时生理缺陷以及出生次序的不同也会对社会兴趣的发展产生影响。如果我们对这些原因没有了解，也没有主动去发展自己的社会兴趣，那么这种缺乏社会兴趣的状态会让我们无法在社会上很好地生存，同时也会影响到我们人生的三大功课，也就是职业、交友和婚恋。

缺乏社会兴趣的三种原因

溺爱或忽视是影响孩子社会兴趣发展的重要原因。被溺爱的孩子只是跟自己的重要养育者建立单一的联结，孩子很容易将他人排斥在自己的生活之外，形成较低水平的社会兴趣。而当一个人在幼年时受到了严重的忽视，甚至被忽略以后，内在会有一种强烈的需求，即跟重要的人建立非常深刻的联结。如果一个人生活中的绝大部分内容都是为了建立这样的联结，那么他对外部的世界就不会太感兴趣了。

身体羸弱、身材矮小、患有口吃等生理缺陷是造成社会兴趣不高的原因之二，因为在这种情况下，我们可能需要花更多的时间和努力去适应这个社会，于是我们发展社会兴趣的时间和精力就会变得很有限。

不同的出生次序也会影响我们的社会兴趣朝不同的方向发展。比如有些人把自己的生活目标调整为如何得到别人的认同和肯定，特别是在重男轻女的家庭中，有性别自卑的女孩子会投入更多的时间和精力在原生家庭里，从而让父母承认她们的存在价值，相应地，她们的社会兴趣水平就会比较低。

人生三大问题

阿德勒认为，每个人在生活中必然会遇到三大问题，即职业选择、社会关系和爱情婚姻。这三类问题贯穿人的一生，但每个人处理这些问题的方式都是不一样的，如果个体能顺利完满地解决，则反映了个体具有丰富的社会兴趣，反之则是缺乏社会兴趣。

举个例子，小A有自己热爱的工作，充满创造性，在社会关系中与人相处良好，而且拥有一段舒服有趣的亲密关系，那么我们就可以说小A具有丰富的社会兴趣。相反，小B的婚姻生活经常吵吵闹闹，很不美满，也没有什么可以谈心的朋友，经常一个人待着，而且对自己的工作总是不满意，时常敷衍应付，甚至有酗酒的行为，因此我们可以认为，小B缺乏一定的社会兴趣和人生意义。

有些人在职业选择上，经常会遇到很多挫折，如果从社会兴趣来看的话，也许是因为本身就缺乏社会兴趣，根本就没有想去工作的愿望，比如啃老族，或者是生活风格一直处在索取或者回避状态的人。

随着个体的成长，爱情与婚姻也是一个需要面临的问题。然而现在的结婚率越来越低了，很多年轻人宁愿一个人生活，也不想跟另一个人进入一段长期的亲密关系，其中的原因有很多，但深究到底我们会发现，这是一种社会兴趣的缺乏。曾经有一个人问我："胡老师，我发现喜欢我的人，我不喜欢，我喜欢的人自己又不敢去表白，所以一直处于单身的状态，这到底是怎么了？"我说："你可能不太愿意去建立亲密关系，因为建立亲密关系会让你产生特别焦虑的感觉。而一个人的时候，你可以不用和这个世界的任何人建立关系，这对你来说，可能会感觉更安全。"

在三个问题当中，社会关系问题是出现最早的。社会关系的实质是建立合作型的人际关系。在阿德勒看来，人际关系的发展需要建立在社会兴趣的基础之上。社会兴趣作为一种情感，包含了对他人的理解和认同。儿童可以在家庭和学校里发展社会兴趣。父母的养育方式、母亲对儿童的兴趣，以及儿童对自身环境的判断都有助于发展社会兴趣。

据2020年心理健康蓝皮书《中国国民心理健康发展报告（2019—2020）》显示，现在有24.6%的青少年患有抑郁或者具有抑郁倾向。抑郁有一个非常重要的表现，就是对任何事物都不感兴趣，容易自我攻击，没有任何的社会化活动，并且缺乏生命的活力。所谓活力，就是我们内在的驱力，有成就自己或者满足自己的动机，这种驱力能够很好地促进和发展我们的社会兴趣。

当一个来访者来到我的咨询室时，我一般都会问他两个问题。第一个问题是："你的朋友多不多？"之所以问这样一个问题，是因为我想看看他的社会兴趣程度。第二个问题，我会问他："你觉得你的朋友是怎么看你的？或者当你遇到困难的时候，你是否会去寻求帮助？"对于很多缺乏社会兴趣的人，他们会出现一些反社会的行为，比如会把外在的一切都看成是伤害自己的敌人，在人际关系中也时常不信任对方，甚至会出现一些成瘾性的行为，表现为我要即刻满足，比如酒精成瘾、药物成瘾、网络成瘾等等。

阿德勒在《自卑与超越》一书中提到：

> 神经病病患、罪犯、酗酒者、问题少年、自杀者、堕落者、娼妓等失败者之所以失败，是因为他们在对待职业、交际和两性问题时，从不寻求他人的帮助，对社会缺乏兴趣和从属感。他们赋予生命以个人意义。在他们看来，任何人都无法从其他人身上获益，所以靠人不如靠己。他们从自己认为的成功或成就中体会到的是一种自欺欺人的个

人优越感。这种自我优越感，对他人毫无价值。

因此，要一个意志低迷的人恢复有意义的生活，关键在于发展他的社会兴趣。

如何发展社会兴趣

那么,如何发展个体的社会兴趣?阿德勒在他的个体心理学中给出了三点建议:

第一点建议是合作与帮助。阿德勒在《自卑与超越》中提到,"人生的真谛,在于奉献与合作"。意思是,当我们遇到无法解决的问题时,要主动向外寻求帮助,相信外面的人是愿意帮助自己的;同样地,当看到别人遇到困难时,我们也愿意去奉献自己的力量,以合作的方式一起去解决困难,最终达到双方共赢的状态。

比如,完成学业就需要跟很多人进行合作。首先,你要对你的老师和同学感兴趣,当你学习遇到困难的时候,你需要得到老师或者同学的帮助。在这个过程中,如果我们自己没有想去帮助他人的意愿，那自然而然就会把他人投射为不愿意提供帮助的人，于是就没办法跟对方一起来合作，共同解决学业上的问题。

跟大家分享一个我孩子的故事。我大儿子在上学的时候，有一段时间因为自信心比较弱，不敢去向老师请教问题，理由是他觉得自己学习成绩不好，认为老师都喜欢学习成绩好的学生，不喜欢成绩差的学生。所以，他就不敢去向老师求助，而且当同学向他请教问题时，他也会直接拒绝。

我想要帮助他转换一下思考的方式，我向我的儿子提出了一个问题："如果你是老师，而你的一个学习成绩不太好的学生在你的帮助下，变得优秀了，你会不会觉得很有成就感？"我儿子思考了一秒钟："对，我会觉得很有成就感。"

我继续引导他："你如果想成为像你的偶像数学家高斯一样优秀的人，是需要老师的帮助的。老师是帮助你变得更加优秀的那个人，而你成为自己想要的样子就是老师一个很重要的成就。所以你不懂的、好奇的，尽管去问老师，老师教会了你，他自己也会很高兴的。"过了一会，我儿子跟我说："老爸，我知道了，我以后要多多跟老师交流。"

很显然，我儿子一开始内在并没有成就老师的愿望，所以他自然而然就会把老师投射成不愿意帮助他的人。事实上，帮助是一个相互成全的过程，解决自己问题的同时，也成全对方是一个有能力且愿意合作的人。

但在一些家庭中，父母似乎更多关注孩子的学业，忽略了孩子的课外活动。而我恰恰认为，课外活动对于孩子的成长是非常重要的。因为任何运动都需要合作，比如踢足球或者打篮球，都需要孩子跟团队成员有很好的合作状态，并且孩子是能够在运动中获得很多乐趣的，包括友谊、团队合作精神、规则下的竞争感等等，这些都可以给孩子带来满满的成就体验。因为有了这种成就体验，孩子才更愿意与社会产生联结，这是培养社会兴趣的最好的方式之一。

第二点建议是给予。在与他人交往的时候，始终秉持着"多奉献少索取"的态度和心理倾向。愿意给予，是对社会感兴趣的一种表现。

我听过一个故事。有一天一位警察走进一家理发店，跟理发师说要收掉他的店，因为他没有交房租。这个时候，一位西装革履的富豪从门外走进来，告诉理发师不用搬走，并把这个店送给他。原因是这位富豪在20年前穷困潦倒，没有足够的钱剪头发去面试，当时这位理发师给予了他帮助，免费为他剪了头发，还无偿赠予他一套自己的西装，帮助他去完成面试，当时理发师给富豪写了一张纸条，上面说："请把善意传递给下一个人。"在20年后的一天，富豪把这份善意回馈给了理发师。

我们经常听到一句话：赠人玫瑰，手留余香。当一个人有给予的能力并且愿意给予他人帮助时，那么这份善意总有一天会以某种方式回馈于他。

第三点建议是培养共情力，即具有富于理解他人思想情感和体验的能力，能够设身处地地站在对方的立场考虑，试图让自己跟他人同频，产生情感的共鸣，降低沟通的成本，而不是固守自己的频率自说自话。

为什么自恋的父母很有可能会扼杀或者阻止孩子社会兴趣的发展？原因很简单，因为他们缺乏一种共情或者同情他人的能力。我们经常听到的一句话叫"有一种冷叫妈妈觉得你冷"。那是一种很典型的自恋表现，不是在共情孩子，而是在展现自己是一位负责任的、爱孩子的好妈妈。甚至有的妈妈会直接指责孩子："要风度不要温度，为你牺牲时间，好心提醒你穿秋裤，你居然不听，真是一个不听话的孩子。"或者有的妈妈会用生气或悲伤的方式，引发孩子的愧疚感，让孩子觉得是自己伤害了她，为了避免体验这种愧疚的感觉，于是孩子勉强地穿上了秋裤。表面上看，这是妈妈要孩子穿秋裤，孩子不想穿的问题，实际上在这个过程中，传递更多的是情感上的联结。但是这种联结是没有边界、没有理解的，彼此不在同一个频率里，各说各话，双方都不舒服，也不有趣，于是在这种情况下，孩子很有可能会选择回避妈妈。

我曾经有一位来访者，他跟他妈妈的相处模式就是这样的。无论他说什么，他妈妈似乎都没有听见，这并不是他妈妈的耳朵有什么问题，而是他妈妈总是按照自己的节奏在走，哪怕给他准备吃的东西，他妈妈也并不关心他爱不爱吃，吃没吃饱，只是关注自己准备的东西，孩子一定得把它吃完，如果孩子不吃完，那孩子就是不孝的。

根据以上三点，我们可以判断出一个人社会兴趣的程度，也可以通过在这三方面的慢慢积累，从中获取良好的体验，以提升自己在人群中的价值感。

我们中国有这样的一句古话：见自己，见天地，见众生。所谓见自己，就是我们对自己有一个清晰的了解，知道自己的生活风格是什么类型的，自己对社会的兴趣在哪里。见天地，就是我们知道这个世界万事万物的规律，然后跟这个世界和平共处。而见众生，就是我愿意为了这个世界更美好而努力,这类似于我们常说的"使命"。

当然,有一部分人可能本身就是缺乏社会兴趣的,但这并不代表着他们无法成为一个伟大的人。比如乔布斯,他是一个非常优秀的人,是科技发展的推行者和创造者,但从本质上来讲,乔布斯是一个缺乏社会兴趣的人,他追求的更多是让自己变得卓越而伟大,只不过他自我追求所带来的成就对全球通信、娱乐和生活方式的改变产生了深远的正向影响。这种自我追求秉持了一种善念,因而他对优越的追求也是有利于社会的发展的。

第六章　创造性自我

Chapter Six

"我命由我不由天"

2019年,中国有一部非常优秀的国产动画片叫《哪吒之魔童降世》,讲的是主角哪吒为魔童转世,被人们认为是妖怪而厌恶他,但在陈塘关百姓面临危难时,他却挺身而出,在师父和朋友的帮助下最终超越自我,打破魔丸的羁绊,主宰了自己新一轮的命运。在电影中,哪吒有一句经典的台词,即"我命由我不由天,是魔是仙,我自己说了才算",这种逆天改命的气势呈现出一种"我的命运,我主宰"的强大自我意志。

虽然在电影中哪吒最初的人生定位是别人给的,但是他后来的人生走向都是他自己选择的,自己把握了自己的命运,而对于这个过程中所产生的强大力量,我们称之为"创造性自我"。

创造性自我,是阿德勒晚期提出的一个心理学概念。我们都知道,一个艺术家,他晚期的作品通常是非常成熟的,所以我大胆地猜测,阿德勒在晚期提出"创造性自我"的概念,一定是通过他一生中的很多经历而总结提炼出来的。当我第一次看到"创造性自我"这个概念时,我就感受到一种特别强大的力量感,似乎我可以改变一些东西。

在心理动力论中,本我、自我与超我是精神分析学家弗洛伊德所提出的人格结构的三个层次。"本我"是潜意识形态下的思想,代表着人类最原始的欲望,比如饥饿、生气、性欲等,受意识遏抑;"自我"这个概念是许多心理学学派所建构的关键概念,虽然各派的用法不尽相同,但大致上都是指人有意识的部分,它遵循现实原则,以合理的方式来满足"本我"的要求;"超我"以道德心的形式运作,维持个体的道德感,回避禁忌。[1]

阿德勒的"创造性自我"主张，人在塑造自己人格和命运的过程中蕴含着一种有意识的主动力量，人可以把握自己的命运，而非被动地让命运决定。"士别三日，当刮目相看""我命由我不由天"，这些都是创造性自我发出的声音。

在我的咨询工作中，我经常会听到来访者跟我抱怨他们的父母，认为自己生病是父母造成的，自己工作不顺利是父母的错，甚至有的人宁愿自己从未出生过。对于一些内在自我比较脆弱的人来说，他们往往会呈现出一种认命的生活态度。

实际上，原生家庭确实是我们生命中的第一份经历。也因为是第一份，这些经历在我们身上留下的印记会更深，影响更大。但原生家庭对我们的影响并不是无法改变的，如果你现在还深受其影响，可能是因为你没

---

[1] 台启权，陶金花. 大学生心理健康教程[M]. 南京：南京大学出版社，2012.

有办法做出选择。虽然你认为原生家庭并没有给到你什么,但是内心深处却一直以来对它是忠诚的。

忠诚的含义有两个。第一,孩子对原生家庭的忠诚,比如忠诚于自己的父母,活成父母的样子;第二,认同父母对待自己的方式,习得父母的生活方式,并用同样的方式对待自己的孩子。举一个简单的例子,小C的父亲对小C非常严厉,一旦小C稍有反抗,父亲就会对小C进行棍棒教育。从此小C发誓以后绝不会用同样的方式对待自己的孩子,但是小C成为父亲后,当孩子调皮不听话时,他又莫名其妙地以暴力的方式去对待自己的孩子。究其原因,更多是忠诚于原生家庭中父母对待自己的方式。

事实上,如果你足够强大,不选择沉浸在原生家庭对你的影响中,而是选择重新发展自己,跟过往的经历做一个很好的切割,那么你终将会成为自己生活的主人。但是很多时候,我们无法切断原生家庭对我们的这份影响,因为如果切断了这根脐带,我们就会陷入到无尽的孤独虚空中，而这种虚空有可能会淹没我们。

我认识一位女性朋友，她大概30多岁了，在家里排行老大，还有三个弟弟妹妹，所以在她小的时候，父母基本上没有怎么照顾她，反而她还要帮助父母照顾弟弟妹妹，这时候父母就会夸她是好大姐。成年以后，为了赚钱供弟弟妹妹上学，她甚至舍不得给自己买新衣服，当弟弟妹妹向她求助时，即使她工作已经很累了，也一样会竭尽全力去帮助他们。如果弟弟妹妹有些事情没有向她汇报，她就会觉得很失落，很愤怒，因为在那一刻她的价值感被剥夺了，不再是"好大姐"。

这样的她生活得很累却又无法摆脱父母对她的界定，其实如果她能稍微在乎一下自己的感受，主动有意识地为自己做一些改变，不再扮演"好人"，那么她的生命应该就会很轻松。然而，她似乎认命了，为了成为别人眼中的"好大姐"而牺牲自己的感受。

终于有一天，她觉醒了。所谓的觉醒，其实就是创造性自我的发生和成长。原因是她的弟弟要买一个奢侈品，但是以她的能力是负担不起这个奢侈品的费用的，所以她拒绝了弟弟的请求。只是她没有想到，父母会因此责怪她，认为她故意不帮弟弟，指责她没有尽到作为姐姐的责任。在这一刻，她忽然之间发现，自己所做的一切都没有意义，所以最后她做了一个让我们感到非常震惊但又似乎在情理之中的决定，那就是她出家了，跟家里所有的人事物都做了一个切割，了却了烦恼。

这听上去似乎很悲壮，但我认为这是一个非常具有创造性的选择，她主动地改变自己的命运，不让自己一直被原生家庭所消耗。

当然，每个人的人格、生活风格都有其独特性，所以每个人的选择也是不一样的。对此，阿德勒指出，人是有自主性的，能按照自己憧憬或虚构的目标，有选择地看待生活中的这些经验，而这种选择性便是与生俱来的创造性，它决定着每一个人的发展。

部分地决定自己的人格

那么关于创造性,我们该如何理解?

阿德勒在"创造性自我"的观点中提出喻示,个体能部分地决定自己的人格。这里需要注意,是部分决定,而不是全部决定。但我认为,能够自我决定的这一部分已经足够了,它就是我们所说的"创造性自我",能够使我们成为自己生活的主人,决定了我们对优越目标的选取、达到目标的方法以及社会兴趣的发展。

这与弗洛伊德所持的人格完全由遗传与生物因素决定的观点有本质的区别。阿德勒认为,对人有用的某些能力和原始经验均来自遗传和环境,但这些只是个体以自己"创造性"的方法建立自己的生活态度的材料。个体使用这些材料的方法,就是个体的一种生活态度,而这种生活态度决定了个体与外界世界的关系。[①]

也就是说,即使两个人的人格结构成分相似,也不会存在两个完全相同的人。因为每个人都是独一无二的,而这种独特性来源于我们的创造性。举个例子,小明和小红是双胞胎,从遗传和家庭环境上来看,他们获得的基因和原始经验应该是一致的,但是他们在此基础上以自己"创造性"的方式建立了自己的生活风格,比如小明性格外向,喜欢交朋友,对很多东西都很感兴趣,而小红性格内向,安静文艺,更多的时候喜欢一个人待着。

因而,在阿德勒看来,遗传和环境只是提供了创造性自我塑造人格的原材料,最重要的是,个体如何使用这些原材料来选择和建立自己的生活风格,这决定了个体和外部世界的关系。

---

① 林崇德,杨治良,黄希庭.心理学大辞典(上卷)[M].上海:上海教育出版社,2003.

事实上，我刚开始学习精神分析的时候，对弗洛伊德的宿命论观点是很赞同的，但是学习几年之后，我反而对阿德勒的心理学感兴趣了，可能是我在内心里觉得自己就是一个有创造性自我的人，再大的困难、再大的创伤发生在我身上，我也会通过自己的努力去改变自己。

1998年对我来说是非常糟糕的一年。那会儿，我还比较年轻，因为对自己要求太高，做了很多急功近利的事情，事业从高峰跌落到了谷底。同时，女友离开了我。事业和爱情的双双失败，令我陷入到了深深的抑郁状态中。

可能很多人不清楚抑郁是一种怎样的状态。即使我现在回忆起那时候，心里还是感到一阵阵的凉意。那段时间，我经常会有一种感觉，就是觉得自己特别渺小，周遭的任何东西都变得无穷大，慢慢地，我消失了，变成了一个黑点。这种状态，持续了8个月。

我尝试让自己的状态稍微好转一点，也在不断地告诉自己要更努力一点,尽快从那种状态里走出来,但是很困难。在我差点坚持不下去的时候,我想到了一个朋友,我想办法找到他,主动走出家门跟他见了一面,他跟我说了很多话,我也把自己的状态跟他说了。后来,他建议我去看一下医生。那时候很难找到心理医生,所以,我去精神科看了一下。他陪着我去,后来医生给我开了一些药。其实,吃药也是一种照顾,最起码我在告诉自己,我只是病了。同时,有朋友陪着我,能让我感到自己不是在一个完全没有回应的世界里。

直到现在,我都很感谢两个人,一位是陪着我走出至暗时刻的朋友,另一位就是我自己。我很感谢当时的我在那种无助的状态下还是选择去见朋友,选择重新走在阳光之下,摆脱被黑暗环境所吞噬的命运。

也正因为有了这段经历,我在做心理咨询工作时,更能理解和感受处于抑郁状态下的来访者。因为我知道他们经历了什么,知道应该怎样更好地帮助他们。只有非常有勇气的人,创造性自我非常强的人,才能真正面对这种状态,并主动寻求别人的帮助。

那这种创造性是怎么来的呢?事实上,所有的创造性都是在试错中发展出来的。

在这里,我要稍微夸奖一下自己。在我家孩子小豆子的成长过程中,我认为我很好地保护了他的创造性,对于他所有的异想天开,我都支持。比如,在他三岁的时候,他特别想自己一个人跨过小区花园里的一条石板小溪。这条小溪不大,六岁左右的孩子能一步跨过去,但是对于三岁的小豆子来说,确实比较困难。

后来,我特意带着小豆子来到这条小溪边,问他要不要试一下。一开始,小豆子似乎有些害怕,只对小溪里的水草感兴趣,后来趁我不注意,他就想跨过这条小溪。我还没来得及扶,他就已经跨出去,然后扑通掉进了水里。刚掉进去的时候,小豆子有一些惊吓,但过了一会就笑了,好像他并不在意掉入水中,也不在意自己的衣服被打湿了。

所以我做了一个决定,问小豆子还要不要再试试。

小豆子有一些犹豫，但他还是很想去尝试一下，站在小溪旁边认真地思考应该怎样才能过去，对此我不制止他，只是在一旁看着，以防出现意外。最后小豆子小心翼翼地使出最大的力气跨了过去。当他走到小溪对岸时，眼睛眯成一条缝的笑脸出现在我眼前，我当时忍不住夸奖他："豆子，你是最棒的，最厉害的，自己跨过了小溪！"他兴奋地在石板上来来回回地走了两次。从此，那条小溪对他来说已经不是障碍了，带给他更多的是欢乐。

　　成功跨过小溪的尝试，对豆子来说，是一次非常重要的自我成就体验，他发挥了自己的能力，而这种体验会延续到他将来对待事物的态度上。可能豆子会认为，这个世界虽然有一些苦难，但还是蛮有趣的。他可以通过自己的努力，跟这个世界形成一个良性互动。在他没有跨过去的时候，我对他没有任何指责或者否定，而是更多地起到了支持性的作用，告诉他，"生活中，挫折肯定是有的，但你可以通过努力……"

这样长期以往，他在跟别人交往的时候，就不会因为没做成某件事或者做砸了某件事而感到特别自卑，反而更多的是愿意去努力尝试，让自己更具有创造性。比如，豆子上学以后，英语不是特别好，然后他以非常有创造性的思维，直接去竞选了英语课代表，以此来鞭策自己，最后英语成绩确实大大提升了。

因此，给孩子一个尝试的机会，允许孩子试错。在试错的过程中，孩子会感觉到自己是有力量的，同时孩子在我们互动的过程中，能感受到一种互相支持的亲密关系。

但是很多时候，因为父母本身对社会的兴趣不高，觉得这个世界是不安全的，所以不允许孩子向外发展，向外探索，这导致了很多孩子的创造性被剥夺；另一方面，很多父母对孩子的期望是"你要乖，你要听话，你要懂事"，而乖巧听话，正好是跟我们的创造性是截然相反的。如果我们渴望自己的孩子乖巧听话，活在一套标准下面，那么很显然，孩子的创造性是远远不够的。

举个简单的例子，一个3岁的孩子正在笨拙地搭积木，在搭的过程中，他想象了积木是树墩或者汽车，如果父母内心中希望孩子按照标准化的图案来拼积木，那么孩子的创造力就会被剥夺，根本就没有试错的机会，甚至到最后对积木也不感兴趣了。

因此我们可以说，阿德勒的"创造性自我"思想极其重视自我和创造性在人格形成中的作用。这深深地影响了人本主义心理学家，他们的自我概念都强调人的主观能动性。

当然，"创造性自我"除了体现人的主动性和创造性之外，还体现了个体的目的性，即我想成为谁，我想去哪里。这种目标感非常强。

我最喜欢的一部电影叫《当幸福来敲门》，主角威尔·史密斯饰演的克里斯·加德纳在看到富人寻找停车位的时候，他问了两个问题，第一个是"你是怎么做到的"，第二个问题是"你是干什么的"。而这两个问题的答案成为了克里斯之后的人生目标，他对此特别感兴趣,有一种想要成就自己的强烈愿望。虽然这个愿望的背后原因是他要抚养孩子,要摆脱贫穷的状态,但是在这个过程里,他有很多创造性的想法,即使跟孩子躺在地铁站的椅子上,他也会引导孩子想象这个地方是他们的堡垒,从而积极地面对生活。

为了能在考核中脱颖而出,克里斯在上班时间不喝水,以避免上厕所,他用疯狂的速度给客户挨个打电话,不给自己片刻的喘息时间。最终,他克服了种种困难,通过投资公司的严苛考试并成为一名股票经纪人,实现财务自由,从此开始了人生的新篇章。

总而言之,创造性自我不仅能帮助我们确定目的和达到目的的方法,而且还能促使我们实现目标。它给我们的生活带来了意义,使我们的个性和谐统一,并且具有独特性。

成就体验与创造性自我

即使两个人的人格结构成分相似,也不会存在两个完全相同的人。遗传和环境只是提供了创造性自我塑造人格的原材料,最重要的是,个体如何使用这些原材料来选择和建立自己的生活风格,这决定了个体和外部世界的关系。

阿德勒并不否定创伤的影响,而是认为相比创伤本身,人决定自我发展的意识力量更为重要。人的经历,包括创伤经历对心理发展的影响取决于我们的主观认识,即我们赋予事件的意义。

创造性自我生长于每一次试错中。当我们发挥自己的能力克服了困难,就会收获非常重要的自我成就体验,而这种体验会延续到我们将来对待事物的态度上。

创造性自我的表现

虽然我们知道创造性自我是一种强大的、有意识的主动力量,但是很多时候,我们总是会被潜意识所控制。当我们没有把潜意识意识化时,我们就会被命运的车轮推着走,没有选择,这样的状态会让我们觉得很多东西是无法改变的。

弗洛伊德认为潜意识决定人的命运,而潜意识里的很多内容被压抑了,其中有一些创伤性的内容。对此观点,阿德勒是不认同的。阿德勒驳斥了弗洛伊德精神分析理论的重要基础,即被压抑的早期创伤性经验。阿德勒认为:"我们并不会受到早期创伤性经验的打击,其实我们只理解适合自己目标的经历。"简单来说,真正能对我们造成伤害的,是我们用来诠释经历的方式。

阿德勒并不是要否定创伤的影响,而是认为相比创伤本身,人决定自我发展的意识力量更为重要。人的经历,包括创伤经历对心理发展的影响取决于我们的主观认识,即我们赋予事件的意义。

早期的创伤性经验一直在影响着我们,就像是一朝被蛇咬,十年怕井绳。比如,如果我们一直是被忽视的,那么等到我们长大了,我们还是会害怕被忽视的感觉,我们对忽视和抛弃会非常敏感。婴儿时期体验到的被忽视和被抛弃是跟死亡相关的,这会让人感到很恐惧,但是我们长大后是可以自我照顾的,为什么我们还有那么强烈的恐惧感呢?

一个孩子在四五岁的时候,父母经常吵架,吵到后来还会大打出手。对于一个孩子来说,在这样的环境中成长,她会认为争吵是特别让人恐惧的,以至于她不敢跟任何人发生冲突,总是扮演着"老好人",即使内心有很多的愤怒和委屈,她也只能压抑在内心深处。

等她长大后,每当男朋友跟她争论一些事情时,她总会被吓得瑟瑟发抖,非常害怕男朋友跟她大声说话,她甚至想要结束这段关系。事实上,这种恐惧是她四五岁的时候从父母的争吵中体验到的,但是被她深深地压抑着,同时她会默默地做出一个决定,那就是绝对不找一个跟自己吵架的人做伴侣。

其实,吵架很正常,再相爱的人也会争吵,因为争吵也是沟通的一种方式。但是对于她来说,一旦有争吵,她就想立马逃开,这是她给自己下的一个指令。如果按照弗洛伊德心理学的理解,这些痛苦、害怕和恐惧的体验,已经深深压抑在她的潜意识之中。所以,一旦跟人发生争吵或者对方声音很大的时候,她就会变得非常敏感,想要逃离这个情境。久而久之,她就会认为自己就是一个脆弱的人,不敢进入任何一段亲密关系里。

后来,她找到了我,我问她父母吵架的时候,她听到的是什么。她说她记忆最深刻的一句话就是爸爸对她说:"如果没有你的话,我早就跟你妈分开了。"我听了以后，跟她说："天呐，你太厉害了，你5岁的时候就挽救了你父母的婚姻，你是一个特别有力量的人。"她听到这句话的时候，瞬间就哭了。因为一直以来，她体会到的是一个躲在角落里瑟瑟发抖，觉得天都要塌下来的小女孩，特别无助害怕，但是现在这句话，让她觉得原来我那么厉害，那么有力量。

当她重新理解这段创伤的经历，给这段经历赋予新的意义时，慢慢地，她就找回了自己的力量，不再恐惧冲突。这也是创造性自我的一种表现。

除此之外，创造性自我还有哪些表现呢？我简单总结了几点。

第一，具有强烈的成就需要和自我实现的愿望。当我们内在有了某种信念，那么我们的一切就会随之发生变化。所以，当生活不是很如意的时候，你有没有一种强烈的愿望去改变它？你是否对自己未来成为一个什么样的人特别好奇？如果你的答案都是肯定的，那么恭喜你，你是一个具有创造性自我的人。

第二，对世界和他人充满好奇心，也就是你是否具有比较健康的社会兴趣，在利己的同时也利他。如果一个人对任何事物都没有好奇心，那这个人在精神上也就死掉了，或者说他在敌对这个世界。

第三，具有主观的创造力。我在健身的时候，发现有两类人是一直需要教练指导的。第一类人没有办法做太多摸索，或者没有太多的精力花在观察和发现身体上，于是就会购买教练的服务；第二类人就是主观创造力比较弱，弱到一直需要被庇护，这类型的人即使健身时间已经长达一两年了，但是却没有什么明显的效果，甚至不记得任何一个动作，所有的一切都要依赖于教练。

第四，具有自我选择的能力。我们都会有选择困难的时候，选了a，就觉得b挺好的。那是因为我们内在没有一个自我选择的能力，并且我们不敢为自己选择的结果负责，这样的创造性自我基本处在很弱的状态里。

我一直认为，阿德勒心理学是一个强势文化下的心理学。它的强势之处体现在，任何时候我们都是有选择的，如果你不做选择，那也是你的一种选择。可能在我们的成长过程中，创造性自我会被剥夺或者被弱化，又或者被打压，但不管怎么样，成年后的我们是可以重新选择自己的人生的。当我们感知到我们内在的创造性自我，感受到它的力量的那一刻，我们的人生就会发生巨大的变化。

第七章　滋养型的人际关系

Chapter Seven

人的一切烦恼都来源于人际关系

在我的咨询工作中，我倾听过很多人的烦恼。有的人烦恼为什么孩子不听话，有的人烦恼为什么自己的婚姻不幸福，有的人烦恼自己的不完美，总是觉得自己不如他人。似乎生活中的烦恼无处不在，当我们想要去解决时，却又感觉无从下手，甚至不清楚这些烦恼究竟从何而来。

对此，阿德勒认为："人的一切烦恼都来源于人际关系。"这要怎么理解？

首先，这里的人际关系，是指广义上的人际关系，是指我们每个人都是人类社会中的一分子，我们无法脱离群体而独立存在。换言之，就是我们在生活中需要跟各式各样的人建立联系，每时每刻都处在不同的关系之中，包括亲子关系、两性关系、家庭关系、朋友关系以及职场关系，等等。

关系无处不在，而我们在关系中的体验大致可以分为两种。

第一种是滋养型的。我经常说，不管是亲子关系，还是夫妻关系，只要关系是正面积极的，同时彼此之间的互动是舒服有趣的，那么这段关系肯定会带给双方滋养的感觉，而且还会让双方都变得越来越好。

第二种是消耗型的。消耗的不只是我们的内在，还有彼此的情感。就好比有些人宁愿待在外面，也不愿意回家，是因为他们知道回到了家，等待着自己的只有无止境的争吵，或是无止境的索取，这样会让自己处在不断被损耗的状态里，整个人也会充满强烈的怨气。同时，这种消耗感会让我们特别想要斩断这段关系。

所以，我们在消耗型的关系中会有压抑、愤怒、委屈以及无力的感觉，觉得自己似乎被关系困住了，意思就是：我本来是很鲜活的一个人，但是因为进入了这段关系，我发现自己越来越不自由了，也无法做自己了，更不知道如何才能把这段关系处理好，于是烦恼就这样产生了。

另一方面，在比较式的教育里，我们经常会有一种嫉妒的感觉。回想一下，你是否经常会遇到以下场景。爸爸妈妈总是有意无意地对自己的孩子说："你看看隔壁的小孩，他学习优秀又用功，人听话，又长得很漂亮，再看看你是什么样的，生你不如生块叉烧。"爸爸妈妈口中的别人家的小孩是不是你原始的嫉妒对象？其实换了我，我也会嫉妒，甚至还恨不得他能够变丑。而嫉妒背后的动力，就是我渴望别人活得比我差，我渴望我比别人好，甚至还有一个若有若无的声音在提醒你："你很想活得跟别人一样，你不想活成你自己，你想活成别人的样子。"但事实上，我们无法成为别人。

有一个女孩子，她每次出门都需要花大量时间来打扮自己，必须让自己有一个精致的妆容，哪怕只是出门拿个快递,她都必须让自己看起来非常完美。只要妆容有一点点瑕疵,她马上就要进行补妆,因为她绝对无法接受一个素面朝天的自己,同时认为别人也不可能会接受她素颜的样子。

其实,如果她只是爱好化妆,或者她觉得自己把自己打扮得很美,心情会很好,那是没有关系的。但是过于在意妆容,就会影响到人际关系和日常的社会活动了。后来,这个女孩来找我咨询,因为她发现自己在这个"习惯"上已经花费了太多太多的时间。在我们交流了几次之后,她说:"很多人都说我妈妈很漂亮,但是我一直长得不好看,所以小时候妈妈总会对着我唉声叹气说'我那么漂亮,为什么会生出一个这么不好看的你啊?'"这句话非常伤人。所以,这个女孩一直以来对外界的反应就是:看到别人眼神中的任何异样,就会联想到妈妈皱着眉头对她万般嫌弃的样子。

特别当女孩觉得自己长得不漂亮时,这种被嫌弃的羞耻感就会在她身上被激发。而为了避免这种情况发生，她就要时刻把自己化妆得美美的，让自己处于完美的状态。甚至，如果对方没有注意到她的完美妆容，她就会用各式各样的方式去吸引对方的关注，这有点像是她在那一刻跟妈妈说："我现在变漂亮了，你多看看我。"但是很可惜，在人际关系中，别人并不是自己的妈妈，也不会时刻关注到她，所以这时候，她会感到更加挫败。另一方面，当别人夸她素颜的时候也很漂亮，她是完全不相信的，觉得这是别人对自己的安慰。因为不漂亮、羞耻的小女孩一直存在在她的内心里。因此，当她看到镜子里素颜的自己，或者看到脸上长痘痘时，她就会很厌恶，这感觉就和曾经妈妈嫌弃她、厌恶她一样难受。

很显然，女孩一直在努力活成妈妈期待的样子，完全看不见自己，所以当她问我怎么办的时候，我只是说："看起来，你好像很渴望被妈妈夸奖一次，但是你有自己面对世界的样子，为什么要委屈自己去取悦别人呢？"有意思的是，在我们最后一次的见面中，女孩跟我说了一句话:"胡老师,我现在还是要化妆出门,但有时候只是涂个口红,因为我想自己看起来气色好一点。"当时她说完后,我们都笑了。因为她有些内在的东西好像已经开始发生改变了。

因此,我们可以得出,其实我们的一切烦恼都来自于我们如何看待自己和他人的关系,正如《被讨厌的勇气》这本书里所说的:"我们之所以十分在意他人的视线,之所以希望得到别人的认可,是因为我们不想被他人认为自己是不好的。"

只有课题分离，才能获得精神上的自由

那我们要如何解决这些烦恼呢？

阿德勒认为，人际关系的烦恼源于没有做到课题分离，具体表现为两点：第一，干涉他人的课题；第二，自己的课题被他人干涉。

什么是"课题"？我们可以将其简单理解为我们需要做的事情。阿德勒把人生中的人际关系分为三类，将其统称为"人生课题"，即工作课题、交友课题、爱的课题。如何做好这三大课题，是我们人生的重中之重。

一个拥有健康人格的人，他的社会功能是完整的，这包括能够找到一份工作来养活自己，可以跟身边的朋友友好相处，能够跟人产生深度的情感联结，愿意为这

个社会做贡献。

"啃老族"就是没有能力解决这三大人生课题的人，因为他们一直待在家里，不出去工作，不出去交朋友，也不考虑自己的婚恋问题，整日无所事事，全靠父母供养，对此我们称之为"巨婴"。

"巨婴心理"有三个很重要的特质。第一，他们无法照顾自己，没有能力承担自己的事情；第二，他们内在有一个很强烈的愿望，就是希望这个世界上的人都为自己服务；第三，这样的人偏执分裂，他们活在自己的想象世界，脱离现实。同时他们不能接受质疑，一旦受到质疑就会强烈抵触；不能接受非自己预期的对待，一旦遇到这种情况就会陷入忧郁或者暴躁；不能接受挫折，一旦遇到挫折就会内心破碎。这样的人无法完成自己的人生功课，而且他们在关系中一定是依赖或者共生的状态，这正好是阿德勒描述的课题分离的反面。

课题分离，就是区别开我的课题和他人的课题。简单来说，就是要分清楚什么是自己的事情，什么是他人的事情；什么是自己的情感，什么是他人的情感。

有的人在课题分离这件事上是很混乱的，比如张三向李四借钱，但是李四没有太多余钱，这时李四内心就会有一个极大的冲突，即我没有钱，但是不借给他又会很愧疚。发展到最后，可能李四会责怪张三为什么要找他借钱。实际上，借钱是张三的事情，而是否愿意借钱给张三是李四自己的事情，如果我们能够这样去区分开来，那李四就可以很真诚地告诉张三："我能力有限，可能帮不到你。"即使张三会因此对李四有一些情绪，那也是张三需要处理的事情。如果我们能够这样想，我们的人际关系就不会太复杂。

很多父母经常跟我抱怨说自己的孩子不愿意起床上学，总是要去催促，催到最后孩子不开心，家长也不开心。那么在这里，我们思考一下，起床上学是孩子的事情，还是父母的事情？父母之所以去催促孩子，似乎并没有把孩子起床当成是孩子自己的事情，而是把它当成了父母的事情，而当我们看到孩子没有立即起床的时候，心里就会生气。于是在这个过程中，我们会认为自己的这种情绪是由孩子造成的，要是孩子乖乖听话起床，我们就不会那么愤怒。但这其实是父母没有在自己的事情跟孩子的事情之间做好分离。

对此，家长们经常会问我如何解决这个问题。我一般会先建议家长去跟自己的孩子明确，起床上学是孩子的事情。其次，划清界限，谁的事情谁负责，比如告诉孩子假使今天听到闹钟没有起床，然后上学迟到了，那就有可能会被老师批评，这些都是需要自己承担的结果。作为家长，我们一定要控制住自己的情绪，再着急也不要去催促，如果孩子因为起晚了来责怪你，那你要告诉他，起床上学是他自己的事情。在这里，你不必自责，不必觉得自己不关心孩子。你要知道，这个时候孩子发出的所有责怪都是因为他有自己的情绪，你可以去关照他的情绪，但是不能去替代他的情绪，或者说不能因为他有情绪而选择去为他负责。

从精神动力学来讲，一个人的成长发展过程，是从婴儿与母亲的共生状态，到慢慢地分离，然后顺利完成个体化，最终走向的是融合。这里的融合，就是阿德勒的共同体感觉，是一个从独立到合作的过程。

如果在我们成长的过程中没有完成这种分离，那么我们就会一直处在共生的状态里面。这种共生的状态有两个表现。第一，边界不清，即分不清哪些是自己的事情，哪些是别人的事情。第二，我的情绪，你要来负责。

举个例子，有一些父母打心底里没有把自己的孩子当成一个独立的个体来看，而是把孩子当成是自己身上的一块肉，比如跟孩子说："只要你听话，妈妈就开心了。"在这种情况下，孩子就会陷入到一种无所不能的自恋状态里面，他觉得自己是可以去改变别人的情绪的。如果长期发展下去的话，他会一直去为对方的情绪负责，并且渴望用一切方式来解决别人的情绪问题，以达到自己期望的样子。

就像在亲密的关系中，当丈夫看到自己的妻子难过了,他有可能会马上用讨好迎合的方式去哄自己的妻子,当他发现无论自己做什么,妻子都是悲伤的,那么他就会恼羞成怒:"我都这样哄你了,你还要怎样?"这位丈夫把自己看成一个无所不能的人,但妻子没有承认丈夫对自己的情绪是有帮助的,那么彼此之间的关系就会对立。如果丈夫能够课题分离的话,他就不会去承担妻子的情绪,而是会说:"我知道你现在很难过,需要静静,如果你需要我的话,那我就在旁边,可以随时来找我。"

因此,如果我们没有进行课题分离,那么我们跟他人的关系就会你我不分、暧昧不清,没有一个明确的边界。在这种情况下,我们常常会背负着别人的事情,想要获得他人的认可,而当我们产生了"认可欲求",我们就不自由了。因为我们的幸福不再把握在自己的手中,而是取决于别人是不是认可我们。

在人际关系中,我们想要获得精神上的自由,代价就是会被他人讨厌,也就是我们要有"被讨厌的勇气"。当然,我们并不是故意要让别人讨厌自己,只是如果有人不喜欢我们,那是别人的事情,我们无法控制,我们只需要做好自己就可以。

课题分离

阿德勒把人生中的人际关系分为三类,将其统称为"人生课题",即工作课题、交友课题、爱的课题。

人的一切烦恼都来源于没有做到课题分离,具体表现为干涉他人的课题,或自己的课题被他人干涉。分不清楚什么是自己的事情,什么是他人的事情;什么是自己的情感,什么是他人的情感。

我们可以关照他人的情绪，但不能因为他人有情绪而选择为他负责。"只要你听话，妈妈就开心了。"在这种情况下，孩子就会陷入到一种无所不能的自恋状态里面，觉得自己是可以去改变别人的情绪的。如果长期发展下去，他会一直去为对方的情绪负责，并且渴望用一切方式来解决别人的情绪问题，以达到自己期望的样子。

没有进行课题分离，我们跟他人的关系就会你我不分、暧昧不清，没有一个明确的边界。我们会背负着别人的事情，想要获得他人的认可，而当我们产生了"认可欲求"，我们就不再自由了。

人际关系的起点是"课题分离",终点是"共同体感觉"

我也有过课题分离的体验。

曾经我的孩子跟我说他要考研,然后我就去找各种能够帮助他考研成功的人吃饭,比如他的学姐或者老师,但在这个过程中,我跟孩子的关系变得很糟糕,每当我打电话给他的时候,他都不接,发信息也就回一两个字。那一刻我就特别愤怒,觉得这孩子太不懂得感恩了,我在努力地帮助你,你却这样对待我。

后来我冷静过后,仔细想了想,考研是他的事情,如果他去完成自己的事情应该会有一种成就体验,但是我把他的事情变成了我的事情,我已经侵入他的边界了。好心办了坏事，剥夺了他完成自己人生课题的成就感。

最终他没有去考研，他说考研现在变得更像是我这个父亲的需要，而不是他的需要，他更想先去工作，然后再决定自己未来的目标和方向。最后，我尊重了他的选择。虽然在这个过程里，我曾经有无数次想把他骂一顿，但是最终我发现这是我自己的情绪。其实，我对孩子能不能考上研究生还是挺执着的，这可能是为了满足我作为父亲的优越感吧，从而忽视了他。孩子有他自己的安排，这是他对自己生活的规划，但我没有去关心他这一点，相反地，我侵入了他的边界。我能够意识到这一点，其实最重要的还是阿德勒"共同体感觉"的概念给了我启发。

什么叫"共同体感觉"？《被讨厌的勇气》一书中说到：自由并不是说可以做任何自己想做的事，而是一切都在一个大前提下，那便是"社会情怀"。此书作者岸见一郎将这种社会情怀译成"共同体感觉"：即把他人看作伙伴，并能够从中感受到"自己有位置"的状态。社会情怀是幸福的人际关系的最重要指标，最小的单位是"我和你"，要将我们对自己的执着转变为对他人的关心，这并不容易。

共同体的最小单位就是"我和你"，而不是"我和他"。你是谁，我是谁，我们联结的部分是什么，价值交换在哪里，彼此的尊重在哪里，边界在哪里，当我们厘清了以后，才能够有真正的共同体的感觉。而所谓"共同体感觉"，就是我们可以在关系中获得归属感。当然，这里说的关系比较广义，包括亲子、亲密、家庭、友情、职场等等。

其实我们一出生，就处在一个很大的共同体中——世界以及宇宙；后来慢慢地，我们在一些小的共同体中生活、工作，比如国家、家庭、公司等等。如果我们不能在一个共同体中获得归属感，也就意味着我们在其中不能拥有一段比较好的人际关系，无法感受到安全，甚至体验不到自己存在的价值。

因此有人说,人际关系的起点是"课题分离",终点是"共同体感觉"。所以在这里,对于如何建立一段滋养型的人际关系,或者说如何获取共同体的感觉,阿德勒给出了三点建议,即他者信赖、他者贡献和自我接纳。

他者信赖

在新冠疫情期间,我们发现原先很好说话的小区保安或者房东,会要求我们回家前必须测体温上报,不然的话就不允许我们回家,甚至在对我们不信任时还会说一些让人感觉不舒服的话。

本来大家是相互信任,相处得很好的,但是遇到疫情这样的特殊情况,就可能会触碰到对方的一些利益。就像我们和同事、客户见面,以前都会特别热情,见面了会一起吃饭喝茶谈事情,后来却连握手都小心谨慎了。相处方式不同,难免会有一些心理落差。

共同体感觉

共同体感觉是一种把他人看作伙伴，并能够从中感受到"自己有位置"的状态。

共同体的最小单位就是"我和你"，而不是"我和他"。你是谁，我是谁，我们联结的部分是什么，价值交换在哪里，彼此的尊重在哪里，边界在哪里，当我们厘清了以后，才能够有真正的共同体的感觉。在"我和你"这个最小的单位里，将我们对自己的执着转变为对他人的关心，这并不容易。

大到国家，小到公司、家庭，如果我们不能在一个共同体中获得归属感，也就意味着我们在其中不能拥有一段比较好的人际关系，无法感受到安全，甚至体验不到自己存在的价值。

因此，人际关系的起点是"课题分离"，终点是"共同体感觉"。

在此类情况下，人与人之间需要重新认识一下。我们要对他人信任，尽量不要因为过度反应而带着有色眼镜去看别人，或者不要带着恶意去揣测别人。我记得当时我点了一个外卖，外卖小哥在送餐时特别附带了一张纸条，详细标注厨师和外卖员的体温，我觉得这种方式特别贴心。这其实就是一种主动建立信任的方式，同时也是对自己和他人负责。

另一方面，在亲密关系中，有一些恋人经常翻看自己对象的手机，对对方说的话几乎都持有怀疑的态度，其实这就是一种缺乏他者信赖的表现。

他者贡献

这里所说的他者贡献，就是我们要承认他人对我们是有价值的，是有贡献的。

有一对夫妻，两个人贷款买了一辆卡车做生意，丈夫负责开车，妻子就在卡车上做好后勤保障，他们经常一起出车，彼此关心，给人一种缺一不可的感觉。丈夫对妻子说："幸好有你在，可以让我在长途开车的过程中解解乏。"妻子也很感谢丈夫，感谢丈夫努力工作，支撑起家里的生活。他们对于对方的贡献是有很大的认同和认可的，真正成为相互支撑的人，对彼此也非常信任。这就是我们所说的他者贡献。

我的一位来访者经常抱怨她的丈夫对家里的事情不管不顾，带孩子总是笨手笨脚的，在她眼里，丈夫不是一个好丈夫，也不是一个好父亲。有一次，她要出差了，特别担心丈夫不会带孩子，甚至给丈夫列出了带孩子必须要做的50件事。但是等到她回来以后，发现孩子还白白胖胖的，精神状态各方面都很好，跟爸爸也亲近了很多。看到这个情况，我的这位来访者开始重新思考，并且在我们后续的咨询讨论中，她坦承自己之前一直没有把丈夫当成合作者，甚至内心还有一个隐秘的小心思，那就是如果丈夫跟我一起来照顾孩子，那么照顾孩子就不是我一个人的功劳，我就不会成为一个完美的妈妈了,这会让我没有优越感。所以她就会把很多事情揽到自己头上,忽略了丈夫为这个家、为孩子所做出的贡献。所幸的是,后来她承认了丈夫的价值。

另一方面,他者贡献并不是舍弃"我"而为他人效劳,反而是为了能够体验到"我"的价值而采取的一种手段。我们可以想象一下,家里的地板有点脏,爸爸在加班,妈妈在房间里休息,这时孩子拿着扫把开始很认真地扫地。这时候孩子在没有过分牺牲自己的情况下做了力所能及的事情,恐怕并不会有"为什么没有人来帮我"的感觉或者怨言,反而会很开心。因为他觉得自己对家里是有用的,是有价值的,是可以贡献自己的力量的。

自我接纳

什么是自我接纳?就是我接纳自己是一个普通人,知道有些事情是我能做到的,也有一些事情是我做不到的。当我做不到一些事情时，我能很诚实地跟自己说："我确实做不到。"然后朝着能够做到的方向去努力，不对自己撒谎。

举个例子，你的工作只能完成80%，但是为了给公司和老板留下好形象，你很积极地扛下了所有的工作，然后回家后和家人朋友大骂公司，抱怨工作压力太大。这两种不同状态的背后，其实就是不能接纳真正的自我，不敢在他人面前表达真正的自己。

如果你清楚且接受自己只有80%的工作能力，并且诚实地跟老板表达出来，然后思考怎么样才能尽最大的努力完成全部的工作，这才是对自我的接纳。如果只是为了留下好印象，假装自己很厉害，那么到最后你会很辛苦。

阿德勒认为，共同体的感觉是一种深度的羁绊关系，能够让我们有一种强烈的归属感。我们每一个人的第一归属地都是妈妈的怀抱，第二归属地是我们成长的家庭，第三个归属地更多的是亲密伙伴的心里，最后再大一点的归属地，就是我们的社会，也就是社会情怀（共同体感觉），比如职业荣誉、民族自豪感等等。

在这里，可能有些朋友会疑惑，我们是否可以在职场里建立共同体感觉？答案是肯定的，但是我们必须要有一个一起去完成的目标，然后彼此分工合作。如果在职场里很难建立共同体感觉，则是因为我们内心有强烈依赖他人的愿望，或者我们没有完成课题分离。一般来说，很难建立共同体感觉的职场关系有三种情况。第一种，把职场当成游乐场，即我就是去玩的，我的工作应该有人去帮我完成；第二种，把职场当成贩卖场，即我投入一块钱，就要拿到一块钱的东西，我的付出必须得到对等的回报；第三种，把职场当成战场，即你我之间是对立的，我们无法达到一种合作共赢的状态。

因此，共同体感觉并不是每一个人都有的。一直处在对立的关系中，或者处在特别依赖的关系中的人，是没有办法体验到共同体感觉的。

同样地，阿德勒的心理学也不是每一个人都需要的，但是我们每一个人都可以去了解它。我们可以按照自己已有的方式生活，可以等着别人来给我们想要的照顾，或者，我们也可以像阿德勒心理学所说的那样——我们可以选择自己未来的人生。

这张照片摄于阿德勒去世的前一年。1936年，已定居纽约的阿德勒抵达英国普利茅斯。此时的阿德勒，已经名望卓著了，世界各地的学生众多。第二年五月，在赴苏格兰阿伯丁做讲演的旅途中，阿德勒因心脏病病逝，享年67岁。

对于阿德勒的离世，《纽约先驱论坛报》的讣告说："阿德勒，自卑情结之父，拒绝成为精神分析的某个零件。他既有点像科学家弗洛伊德，又和预言家荣格相似，他就是他自己，传播福音的人。"然而弗洛伊德则表示："我无法理解你们对阿德勒的同情，对于一个从维也纳郊区走出的犹太男孩来说，死在阿伯丁，这本身就是一个惊人的经历，这也证明他已经出人头地了。对于他为反对精神分析而做的努力，这个世界的确给予了他丰厚的奖赏。"

如今，阿德勒的许多概念和方法已经渗透到心理学主流体系中。例如，自卑感和自卑情结的概念已经被心理体系所吸纳，社区治疗、家庭治疗和合作治疗已被社会普遍接受，甚至他曾经的反对者，也在慢慢地接受他的思想。

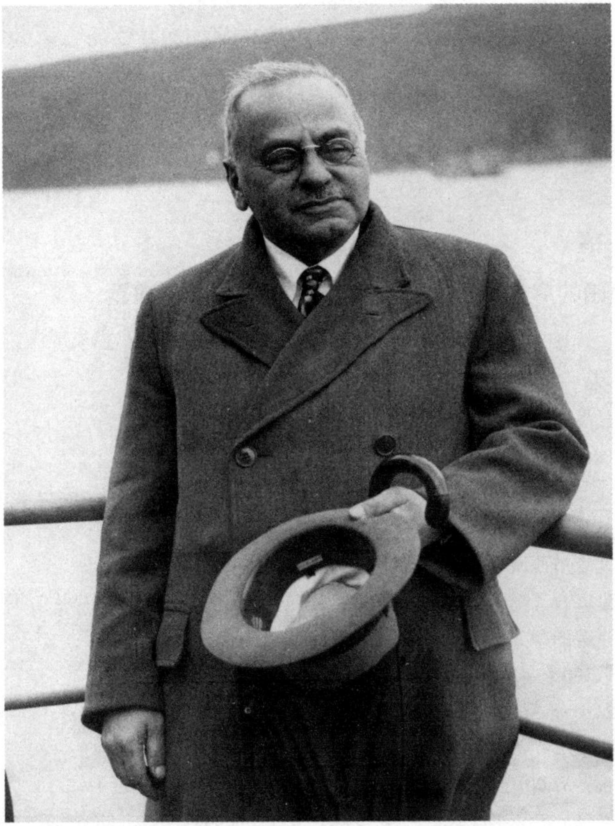

图书在版编目（CIP）数据

稳固的幸福感：阿德勒谈自我超越与人生课题 / 胡慎之著. -- 北京：北京联合出版公司, 2024.5
 ISBN 978-7-5596-7508-8

Ⅰ.①稳… Ⅱ.①胡… Ⅲ.①社会心理学—通俗读物 Ⅳ.①C912.6-0

中国国家版本馆CIP数据核字(2024)第062941号

稳固的幸福感：阿德勒谈自我超越与人生课题

作　　者：胡慎之
出 品 人：赵红仕
责任编辑：徐　樟
封面设计：王梦珂

北京联合出版公司出版
（北京市西城区德外大街83号楼9层 100088）
北京联合天畅文化传播公司发行
北京美图印务有限公司印刷　新华书店经销
字数190千字　880毫米×1230毫米　1/32　7.125印张
2024年5月第1版　2024年5月第1次印刷
ISBN 978-7-5596-7508-8
定价：52.00元

版权所有，侵权必究
未经书面许可，不得以任何方式转载、复制、翻印本书部分或全部内容
本书若有质量问题，请与本公司图书销售中心联系调换。电话：（010）64258472-800